研究者の父、大学生の娘に若者言葉を学ぶ

言語学者も知らない

謎

な日本語

石黒圭

石黒愛

教育評論社

はじめに

　若者言葉を知っていますか。そう、「やばい」とか「ガチで」とか「それな」とか、若者がよく使う言葉のことです。10代から20代、とくに10代後半から20代前半の学生世代が仲間うちで話すときに使う、その世代特有の表現のことで、若者語とも呼ばれます。

　若い世代が持つ気持ちを表せる感覚的表現が多いことが特徴で、使うことで仲間の共感を得やすく、会話が弾むため、同じ世代の会話で多用されます。一方で、他の世代には通じないことが多く、嫌われたり敬遠されたりすることもあれば、時代の先端を行く流行語として、社会的に関心を集めたり注目を浴びたりもする、なかなか忙しい言葉です。

　そんな現代の若者言葉の実態を描きだす本書の筆者は二人です。

　そのうちの一人、石黒圭は、この「はじめに」を書いている50代の研究者です。東京都立川市にある国立国語研究所で日本語の研究をしています。一橋大学大学院言語社会研究科と総合研究大学院大学という二つの大学院で研究指導を担当していますが、大学院生は大人なので、若者言葉に触れる機会はあまりなく、たまに触れる若者言葉が珍しくてたまりません。

　もう一人の筆者、石黒愛さんは、首都圏にある某大学文系学部に通う学部2年生です。石黒圭の娘ですが、日本語が専門ではないごく普通の大学生です。流行には鈍感で、周回遅れになるタイプですが、オタク道を極めることに熱心で、家庭内でその方面の若者言葉を使っては、日本語研究者の父親の質問攻めに遭っているかわいそうな存在です。

　本書では、家庭内で若者言葉を使う三姉妹が出てきて、父親とかみ合わない会話を繰り広げます。実際の石黒家も愛さんを長女とする三姉妹です

が、会話自体はフィクションであり、実在の人物とは、たぶん関係があり
ません。本書の会話は、そんな三姉妹の実生活を背景に、石黒愛さんが創
作しています。

　一方、会話のあとには、それぞれの項目で扱っている若者言葉の解説が
入ります。解説は私、石黒圭が担当しています。本書の隠れた目的は、今
どきの若者言葉を例にして、社会言語学という言語学の一分野をおもしろ
く、しかし、まじめに学ぶことです。

　本書を読めば、今どきの若者言葉に詳しくなることはもちろん、若者言
葉について学術的に考えることで、言語学の考え方に触れることもできま
す。いわば一石二鳥を目指した本です。

　若者言葉の世界は、一見すると軽薄な言葉ばかりのように感じられ、浅
く見えるかもしれません。しかし、一つひとつを丹念に掘り下げていくと、
どの言葉も深みと味わいがあり、一度ハマると抜けだせない深い沼です。

　それでは、これから読者のみなさんとご一緒に、不思議な魅力でいっぱ
いの「若者言葉の沼」の探検に出かけることにいたしましょう！

　2024年9月

石 黒　圭

もくじ

はじめに　2 ／ 本書の登場人物　8

第1章　若者名詞

「推し」のおかげでがんばれる … 10

オタクを極めた「限界オタク」… 13

「豆腐メンタル」は
ガラスより脆い … 17

我が身に返る「ブーメラン」… 20

「モブ」だって目立ちたい … 23

「ガチャ」で決まる僕らの運命 … 27

立った「フラグ」は回収される … 30

ほかに選択肢がない「一択」… 34

「同担拒否」は拒否られる … 37

まとめて「箱推し」！… 40

「民度」の高低 … 43

マジで「神」… 46

高カロリーは「罪の味」… 50

流行ったあとの
「死語」の世界 … 53

コラム1　同じ日本語でも通じない　56

第2章　若者造語

「うれしさ」から「うれしみ」へ … 60

共感できる「わかりみ」！… 63

世間にはびこる「○○詐欺」… 67

笑いすぎて「腹筋崩壊」… 70

乱れ飛ぶ怪しげな「○○説」… 73

ほめられただけで「大絶賛」… 76

意識高い系の「○○系」… 79

はらはらする「○○ハラ」… 83

コラム2　若者言葉も年を取る　86

第3章　若者略語

「誰得」は誰も得しない ……… 90

お疲れの「おつ／乙」 ……… 93

「マジレス」乙です ……… 96

「イミフ」もまた意味不明 …… 99

「リアタイ」に生きるぜいたく … 103

推しの「ファンサ」も
ほどほどに ……… 106

食欲をそそる恐怖の「飯テロ」 109

コラム3　代々続くキャンパス言葉　112

第4章　若者形容詞

「やばい」だけでサバイバル …… 116

「やばい」から「えぐい」へ …… 120

気持ちまで「だるい」とき … 123

「強い」と人目が気にならない 125

外は寒くても心は「アツい」 … 129

読者のみなさん
「メタい」の意味わかります? … 132

しみじみと「エモい」 ……… 135

気まずさを生む「気まずっ」 … 138

コラム4　気づかない新語　141

第5章　若者動詞

胸に「刺さる」感動 ………… 144

明るく「ディスる」未来 ……… 147

あとから「ジワる」感情 ……… 150

手を合わせて「祈る」 ……… 153

なすすべもなく「詰んだ」 …… 155

「違くて」は動詞か形容詞か … 158

コラム5　若者言葉の閉鎖性　161

第6章　若者構文

「〇〇しかない」の
ポジティブ効果 ……… 164

最強の「〇〇しか勝たん！」… 167

「正義構文」は正しいか … 170

ありえない「マジないわ」 …… 173

「ありよりのなし」は
「あり」か「なし」か ……… 177

父は「ズルすぎ」 ……… 180

コラム6　若者言葉の作り方　183

第7章　若者副詞

「ぶっちゃけ」ないのは
人のため ……… 186

控えめではない
「控えめに言って」 ……… 189

プラス思考の「いい意味で」… 192

「なにげに」意外に意味が広い 195

じわじわ来る「地味に」 …… 198

秒刻みを生きる「秒で」 …… 201

とりあえず「とりま」 ……… 205

機会を捉えて「ワンチャン」… 208

「マジ」から「ガチ」へ ……… 211

コラム7　スマホ時代の若者言葉　214

第8章 若者接続詞・若者感動詞

「てか」次の話題に行くよ ······ 218

「ゆうて」と言われても ······ 222

「それな」と「だよね」 ········· 225

「ですです」は丁寧か ········· 228

「なんか」よく分かんない ······· 232

「草」しか生えないネット世界 ·· 235

あざとく「ぴえん」と
泣いてみる ················· 238

コラム8　意味の変化と若者言葉　241

おわりに　244

ブックデザイン＝鳴田小夜子（KOGUMA OFFICE）
本文イラスト＝ヒダカマコト

本書の登場人物

父

首都圏の私立大学の言語文化研究所に勤務する50代の言語学者。妻、娘三人と暮らす。釣りと野球が好きで、とくに熱烈な某虎チームのファン。尊大な話し方をするが、意外とお茶目。夏休みの宿題は計画的にがんばるタイプ。口癖は「例文を!」

長女

都内私立大学文系に通う2年生。二次元も三次元もなんでもござれのお調子者なオタクでミーハー気質。父の影響で某虎チーム推し。勉強は苦手で今は落単回避に励む日々。夏休みの宿題は最終日にがんばるタイプ。食欲旺盛、スイーツ好き。口癖は「これだから昭和は……」

次女

某県立高校に通う高校1年生。クールな突っ込み役だが、根は自由人。中学からバドミントン一筋。コーヒーと甘いものが好き。深夜密かに勉強しているせいで常に睡眠不足。夏休みの宿題はラスト一週間でがんばるタイプ。口癖は「ガチで」

三女

自宅すぐそばの某市立小学校に通う6年生。ウサギが大好きなしっかり者だが、オタクで面倒くさがりな一面も。勉強は要領だけで乗りきる。好きな食べ物は塩っけのあるもの。夏休みの宿題はしれっと終わらせているタイプ。口癖は「うちも」

第1章

若者名詞

「推し」のおかげでがんばれる

 お父さんお父さん、YouTubeの虎信選手見た?

 そんなに騒いでどうした? 虎信選手と言えば、今年入ったばかりの野球選手だよな

 そう! その選手笑わないって有名なのに、ファンの子どもにフェンス越しにボールを笑顔で渡すシーンが激写されてたの!

 あの虎信選手が? 意外だな

 今私の**最推し**だから嬉しい。あの笑顔で白飯が3杯食べれるよ

 「最推し」? 知らない言葉だな。よし、例文を作ってくれたまえ

 「くれたまえ」って今どき昭和でも使わないよ……。じゃあ、まず推しから。**「推し」**は、アニメやゲーム、現実のアイドルグループ。何でもいいんだけど、**好きなキャラクターや、応援したい人のこと**だよ

なるほど。好きな人か

そうそう。でも恋愛感情とはたいてい別かな。**「最推し」**なら **the best of 推し**ってことだね。よく聞く「推ししか勝たん」は「推ししか勝たない」つまり「推しが最高」ってこと

とにかく推しが好きなのがよく伝わったよ。……あ、虎信選手だ

どこどこ!? あ、でも待って、あのルーキーの選手もかっこいい。めっちゃイケメン! 今日から推す!

すぐ目移りする……

推し

　終止形を連用形にすると名詞として使える。そのことに気づくと、途端に言葉のネットワークが広がります。「はさむ」ものだから「はさみ」、「流す」場所だから「流し」、「立って食べる」から「立ち食い」、「引き出す」から「引き出し」、「首に飾る」ものは「首飾り」、「物を置く」ところは「物置き」など、動詞から魔法のように名詞を作ることができます。

　麻雀用語は、連用形による名詞の巣窟です。「あがり」「当たり」「流れ」「鳴き」「待ち」「決め打ち」「引っかけ」「振り込み」「ツモ切り」「対子落とし」「全突っ張り」など、こうした言葉がなければ麻雀はできないと思うほどです。

「引きが強い」の「引き」もまた麻雀用語ですが、「押しが強い」の「押し」は性格の形容です。しかし、「推し」となると意味が違います。応援したい対象○○のことを以前は「○○推し」と言っていたものが、単独で使用されるようになったものです。人に勧めるものを「お勧め」と言いますので、**「推し」**自体が単独使用されても、理屈としてはおかしくないのですが、「推し」にはサブカルの香りがします。そこには、**「萌え」や「映え」と共通する感覚があるように感じられます**。

　文化庁の2022年度の「国語に関する世論調査」によれば、全体の49.8％が使う言葉、49.2％が使わない言葉だとしており、拮抗していました。おそらく本書が出版される時点では、使う派が過半数を占めているのではないでしょうか。

オタクを極めた「限界オタク」

やばい、やばいよ、どうしよう

しょうがない、そういうこともあるよ

どうしたんだ？

推しのライブが来週あるんだけど、最前列を取れたから張り切ってお化粧の練習してたんだって

それのどこがやばいんだ？

推しのメンバーカラーの青のアイシャドウをお母さんから拝借したんだけど、やり直ししてたら使い切っちゃって

お母さんの"お気に"だったから、めっちゃ怒られたらしい。おやつも抜きにされたんだって

小学生みたいな怒られ方だな……。しかしお母さんも心が狭い。アイシャドウくらいもう一回買えばいいのにな

ブランドの数量限定のものだったらしいよ

 ……まあ、他にも似たようなものがあるし、何とかなるだろう

 だよね！ お母さん心狭すぎ、お父さんが優しくて良かった

 にしてもお姉、**限界オタク**だね

 「**限界オタク**」？

 「限界社畜」なんて言葉もあるよ。会社のために私生活を疎かにしてまで、会社に勤める人のことだね

 そんな言葉もあるんだな

 「社畜を極めた」と言えばいいのかな。「**オタクを極めた限界オタク**」もここにいい例がおりますよ

 推しのために10キロダイエットしたし、推しのダンスを真似するためにダンス最近がんばってるし、ボイトレ（ボイストレーニング）も！ そしたら最近推しの幻覚が見えるし、幻聴も聞こえる。あ、その青いTシャツいいね！ それ推しの色、マジそれだけで興奮する

ノンブレスで一気に……これが限界オタク。まあ、そんなに好きになれるものがあるなんて、いいことじゃないか

ほんと?!　お父さんならそう言ってくれると思った。まったく、お母さんも見習ってほしいよ。実はライブが楽しみすぎて、上の空で運転していたら、お父さんの愛車を擦っちゃったけど、お父さんなら許してくれるよね!

………………

やべ、逃げよ

上の空での運転はやめましょう!

限界オタク

　人間には限界がありますが、オタクの限界は、それよりもかなり広い意味で使われている印象があります。『新世紀エヴァンゲリオン』シリーズの伊吹マヤの、初号機をめぐる有名なセリフにより、**「活動限界」** という言葉がオタクの世界で一般化したとも言われます。

「限界突破」という言葉もよく耳にします。人間が限界を突破することは現実には不可能なことだと思うのですが、自分の意志で制御できるレベルを超えて歯止めが利かなくなる感覚を**「限界突破」** と表現しているのでしょう。ゲームでも、キャラクターのレベルの上限を引き上げることも限界突破と言い、よく使われます。

「限界オタク」 は、**好きすぎる感情が「限界突破」している**にちがいありません。**「めっちゃ好き」「愛おしすぎる」「あなたを見ると涙が止まらない」「そばにいるだけで発狂しそう」という感極まった感覚**でしょうか。昔風に言えば「○○くんラブ」「○○ちゃん命」でしょうが、表現としては「限界オタク」のほうが洗練されている気がします。

「豆腐メンタル」はガラスより脆い

Twitterで最近「豆腐メンタル」って言葉を見かけるんだが、どういう意味か分かるか？

Twitter？ ああ、Xのことね。昭和生まれのくせに普通に使いこなすのが謎なんだよね、うちのお父さん

昭和って聞こえてるぞ

ごめんごめん、それよりも「豆腐メンタル」ね。**プレッシャーとか他人からのダメージに弱い人のこと**をいうよね。「メンタルが弱い」「タフじゃない」ってとこかな

なるほど。じゃあ、「**ガラスのハート**」とか「**チキる**」とはどう違うんだ？

うーん、どれもメンタルが弱いことを指す言葉だけどけっこう違ってくるよ。よし、例文だね！

あっ、セリフ取られた

まずは「豆腐メンタル」。「豆腐メンタルなので、誹謗中傷はご遠慮ください」なんて言葉を、小説やイラストを

ネットに投稿する人が使うね。この例文ではあまり感じないけど、自虐的に使うことが多いかも

そうなのか。そういえばお父さんが見たのも「豆腐メンタルをどうにかしたい」と書いてあったし、豆腐メンタルに悩む人は多いのかもしれないな

次に「**ガラスのハート**」。これは、意味は豆腐メンタルに近い気がするけど、自称はしない印象かな。「あの人はガラスのハートの持ち主なんだから、優しくしてあげて」みたいな感じで、傷つきやすい人に使うと思う

「**チキる**」は？

「チキン」の動詞形だね。「チキン」は弱虫とか臆病者って意味。からかいの度合いが一番強くて、テレビでもけっこう耳にするよ。「チキンレース」とか聞いたことない？ 根比べ、度胸試しって意味で、負けたほうがチキンだね

たまに耳にするな

私もガラスのハートだから優しくしてね

その図々しさはどちらかと言わずとも鋼(はがね)のメンタルだとお父さんは思うぞ

「豆腐メンタル」解説

　「メンタル」という言葉が手軽に使われる時代になりました。「メンタル」は本来心という意味ですが、「メンタルが」に続く言葉は「壊れる」「崩れる」「不調」「不安定」「弱い」「ぼろぼろ」など、悪い心理状態に使うものがほとんどです。現代人は心を病みやすいのですが、「心を病む」と言うと深刻に響くので、軽く口にできるように「メンタル」という語を用いているのでしょう。**「豆腐メンタル」**は、そうした**現代人の抱える心の弱さを表現した比喩**です。豆腐のように壊れやすく、傷つきやすい心を「豆腐メンタル」は象徴しています。「豆腐メンタル」から**「こんにゃくメンタル」**という言葉も生まれました。こんにゃくは一見弱そうに見えるのですが、実は打たれ強いメンタルです。しなやかで、なかなか壊れることがない点から、「豆腐メンタル」の対義語として使われているようです。

　「ガラスメンタル」という言葉もあります。もともと脆いという意味で使われていましたが、**「豆腐メンタル」という言葉が出てきたおかげで、最弱ではなくなっています。**「ガラスメンタル」の対義語は**「鋼メンタル」**になります。ちなみに、「チキン」は**「チキンハート」**となりやすく、臆病という意味で使われます。

第1章　若者名詞

我が身に返る「ブーメラン」

一泊二日にしては荷物が多くないか？

そう？ 洗面具でしょ、着替えでしょ、隙間時間のための本と、筆記用具と、モバイルバッテリーとかヘッドホンとかドライヤーとか……。女子は必需品が多いんだよ

それでも1人でスーツケース2つは多すぎる

それ**ブーメラン**だよ。お父さんだってスーツケースと、それにあの釣り道具。1人じゃ持てない量じゃない

……大人はいいんだよ、大人は。それよりブーメラン？ 投げると戻ってくるあれのことか？

出た、大人の理不尽。私だって成人してるんだけど……。それに、ブーメランはそっちのブーメランじゃない！ **自分の発言が自分に刺さること**だよ

自分に刺さる？ ぴんと来ないなあ……。よし、例文だ！

早く出発しないの？

確かに時間ギリギリだが、ブーメランを勉強する時間くらいはあるぞ

まあいいけど。「ブーメラン」と言えば「対立政権がやらかした時には『説明を』って野次を飛ばしていたのに、いざ自分の番になったら説明責任から逃げてさっさと辞任しちゃうなんて、まさにブーメラン……」

言いたいことは分かったよ。自分で言った批判や発言が、自分にそのまま当てはまる、ということだな

政治関連で皮肉に使われていることも多々あるよ。ネットニュースの見出しでも使われているし。でも日常ではあまり使わないかな

なるほど、勉強になった。よし、それじゃあそろそろ家を出るか。……って、所長から電話だ

父が電話に出る。「……はい、はい、それでは失礼します」ガチャッ

何かあったの？

大した話じゃなかったよ。家を出る前に時間を取らせるなんてまったく迷惑しちゃうよ

それを「**特大ブーメラン**」と人は言います

「ブーメラン」解説

「ブーメラン」という言い方自体は昔からあったように思います。しかし、現在の若い世代は「ブーメラン」をアレンジして使うところに特徴があります。「ブーメラン発言」「ブーメランが刺さる」「特大ブーメラン」がそうです。

「ブーメラン発言」は、相手にたいする批判が発言した当人に一番当てはまるときに使われるものです。「おまえが言うな」「どの口が言う」などと突っこまれるのが「ブーメラン発言」です。

「ブーメランが刺さる」の「刺さる」も若い世代が好んで使う表現です。心に強い影響を及ぼすときに「刺さる」という言い方が使われます。ただし、「心に」などと刺さる対象を明示せず、自動詞だけで「〜が刺さる」と使われる傾向があります。会話にも出てくる「特大ブーメラン」は、相手を攻撃するはずが、威力が倍増して自分に跳ね返ってくるブーメランです。「まさにおまえだろう」という突っこみを誘発します。

なお、「ブーメラン」は戻ってくることを表す比喩ですが、故郷を離れて都会に出た人が再び生まれ故郷に戻って働く「Uターン」も、戻ってくるという意味で、似たような比喩だと考えられます。

確かに時間ギリギリだが、ブーメランを勉強する時間くらいはあるぞ

まあいいけど。「ブーメラン」と言えば「対立政権がやらかした時には『説明を』って野次を飛ばしていたのに、いざ自分の番になったら説明責任から逃げてさっさと辞任しちゃうなんて、まさにブーメラン……」

言いたいことは分かったよ。自分で言った批判や発言が、自分にそのまま当てはまる、ということだな

政治関連で皮肉に使われていることも多々あるよ。ネットニュースの見出しでも使われているし。でも日常ではあまり使わないかな

なるほど、勉強になった。よし、それじゃあそろそろ家を出るか。……って、所長から電話だ

父が電話に出る。「……はい、はい、それでは失礼します」ガチャッ

何かあったの？

大した話じゃなかったよ。家を出る前に時間を取らせるなんてまったく迷惑しちゃうよ

それを「**特大ブーメラン**」と人は言います

「ブーメラン」解説

「ブーメラン」という言い方自体は昔からあったように思います。しかし、現在の若い世代は「ブーメラン」をアレンジして使うところに特徴があります。「ブーメラン発言」「ブーメランが刺さる」「特大ブーメラン」がそうです。

「ブーメラン発言」は、相手にたいする批判が発言した当人に一番当てはまるときに使われるものです。「おまえが言うな」「どの口が言う」などと突っこまれるのが「ブーメラン発言」です。**「ブーメランが刺さる」**の「刺さる」も若い世代が好んで使う表現です。心に強い影響を及ぼすときに「刺さる」という言い方が使われます。ただし、「心に」などと刺さる対象を明示せず、自動詞だけで「〜が刺さる」と使われる傾向があります。会話にも出てくる**「特大ブーメラン」**は、相手を攻撃するはずが、威力が倍増して自分に跳ね返ってくるブーメランです。**「まさにおまえだろう」**という突っこみを誘発します。

　なお、「ブーメラン」は戻ってくることを表す比喩ですが、故郷を離れて都会に出た人が再び生まれ故郷に戻って働く**「Uターン」**も、**戻ってくるという意味で、似たような比喩**だと考えられます。

「モブ」だって目立ちたい

長女が漫画を読んでいる

このシーン最高！ マジで**モブ**になって遠くから2人を眺めてたい！

何を読んでいるんだ？

『恋がrun away』っていう漫画の告白シーンだよ。多くの障害を乗り越えて、太郎が花子に告白するシーンなんて号泣ものだよ！ 今流行ってるんだ

いろいろと突っ込みたいところはあるんだが……。それよりも「**モブ**」ってなんだ？

げっ

よし、例文だ！

また？ これだから昭和は。ググればいいのに

そしたらこの本の意味がなくなるぞ

それは困るね。「**モブ**」っていうのは、「**モブキャラクター**」**の略称で、物語の主人公達を取り巻く無名、没個性な人、もしくは群衆のことだ**よ

映画のエキストラみたいなものか？

そうそれ！　しゃべる台詞があってもわずかで、重要なのは無名、没個性。「警察官1」とか典型的なモブだね

何だか悲しい存在だなぁ

でも、最近小説とか漫画で「モブのはずの私がモテモテで!?」っていう内容を見かけるようになったよ

どういうことだ？

つまり、モブが主人公になるような話が増えてきたってこと。実際は美人イケメンに描かれていて、まったくモブ顔ではないけどね

最近の小説はよく分からないな

いや、昔からあると思うよ。シンデレラも無名から成りあがったことを考えるとモブストーリーっぽいし

なるほど。ところで、さっきから映画や漫画の中の話ばかりだが、現実でも「モブ」という言葉は使うのか？

映画や漫画に比べれば頻度は落ちるけど、聞かないこともないよ。「**モブ顔**」とか「**モブみ**」とか。でも、だいたい悪口だよね

「モブ顔」は「没個性の顔だね」ってことだもんな。ま、お父さんはこの頭とルックスを持っているから、モブにはならないな（ドヤ）

うんうん、そうだね（棒読み）

「 モ ブ 」 解 説

「**モブ**」はmob（大衆）というのが本来の意味で、転じて**主要な登場人物ではない地味な脇役、いわばその他大勢**を指します。**目立ちもせず、特徴もなく、名前もない出演者、それが「モブ」**です。

　私が最初に「モブ」と出会ったのは、『人狼ジャッジメント』というゲームに出てくる「モブ爺」です。「モブ爺」は最初に出てきてかならず命を落とす気の毒な脇役です。「モブ」単独でも使われますが、「モブ男」「モブ美」「モブガールズ」「モブおじさん」「モブくん」「モブちゃん」のように、より人間とわかる形で使われることもあります。

「モブ」という呼び方が軽いせいか、扱いも雑になりがちです。たしかに、私たちもまた、実社会では「モブ」のように代替の利く存在として軽んじられています。しかし、同時に**唯一無二の人生というドラマを生きる存在**でもあります。そんな名もなき存在に「モブ」という名前をつけ、光を当てるきっかけを作ったこと自体、評価すべきこともかもしれない。そんなふうにも感じるのです。

「ガチャ」で決まる僕らの運命

雑誌「〜特集！ 親ガチャに外れた子どもたちの将来を憂う」

 何読んでるの？

 ああ、ネットニュースを読んでいたら、おすすめにたまたま流れてきてな、知らない言葉だったから読んでみようかと思ったんだ

 昭和のお父さんがネットニュース!? てか、**親ガチャ**って、いい意味じゃないよ

 何となく、そんな雰囲気は感じるが……。そうだな、雑誌を読む前に、例文を頼むよ

 「親ガチャに失敗したから大学に行けない。いいところに就職できない。人生が思う通りにならなかった」。最近よく聞く言葉で、今年の共通テストの倫理にも親ガチャを示唆する問題があったらしいよ

 ガチャという軽い言葉に相反して、重たい内容だな……

 「ガチャ」というのは、運的な要素が強いでしょ？ 同じように良い親に当たるか、悪い親に当たってしまうかは

運次第。その**ガチャの結果によって自分の人生の路線が決まってしまう**という意味だよ

それは親にたいして失礼じゃないか？

 それは以前から議論になってるみたい。「親にたいしてひどい」という一方で、「それは、富裕層は貧困家庭の苦しさを知らないからだ」「虐待は本人のせいではなく、親のせいだ」とかいう反論もあるんだよ

それは一理あるが……。ずいぶんと荒(すさ)んだ社会になってしまったな

「 ガ チ ャ 」 解 説

　「親ガチャ」という語は、以前からインターネット上に存在していた言葉ですが、日本社会の所得格差と教育格差を背景に、世間に広まったのは2021年ごろのことです。「親ガチャ」は、インターネット上のゲームのガチャで自分のほしいアイテムが自分で選べず、運任せになるように、**どの親のもとに生まれるかもまた、自分で選べず、運任せになること**を指します。つまり、ハズレの親を引いてしまうと、自分の能力や努力では容易に越えられない壁が生まれ、それによって自分の将来が決まってしまうことを指します。「親ガチャ」は社会的な議論を呼び、当時の流行語となりました。

　こうした流行語は造語力を持ち、新しい語を生みだす傾向があり、「親ガチャ」も例外ではありません。自分では選べないことが自分の運命を左右するケースは、世の中にはたくさんあるからです。学校ではクラス担任の先生を児童・生徒は選べませんので**「担任ガチャ」**が起こります。また、会社では**「配属ガチャ」**により、会社が決めた配属先に行かなければなりませんので、**「上司ガチャ」**が起こります。自宅でも隣近所は運任せですので**「隣人ガチャ」**が起きますし、大きな病院に初診で行った場合は患者が医者を選ぶことができず、**「医者ガチャ」**が起きがちです。

　「ガチャ」によって私たちは自分の置かれた環境の不自由さに気づきます。すべてを環境のせいにするのは問題でしょうが、少なくとも**運の良し悪しが人生を左右することを意識する**きっかけを「親ガチャ」は作りだしたと言えるのかもしれません。

立った「フラグ」は回収される

 私は絶対ワサビ巻きを引かない。絶対にだ！

 それは**フラグ**だね。回収しちゃう？

 パクっ……。めっちゃ痛い！ 鼻が、鼻が！

 ガチで引いたね

おいおい、何をやっているんだい？

 ワサビ巻きゲームだよ。この海苔巻きのうち、一本にだけワサビが入っていて、それを食べちゃったら負け。ロシアンルーレットってやつだね

作ったら全部食べるんだよ

 お姉がワサビ入りを全部食べてくれるよ

ならよかった。ところで、さっきの「フラグ」って何だ？例文だ！

鼻が痛い……ズビッ。フラグっていうのは……

説明しよう!「**フラグ**」とは**伏線のようなもの**です

台詞取られた……ズビッ

伏線のようなもの?

そう、「未来の結果に対する現時点での予想」みたいなものかな。「**死亡フラグ**」とか聞いたことない?

あるかもしれない

たとえば、アニメのあるキャラクターが「俺がこの戦いから生きて帰ったら……」とか言ったら、視聴者は、「このキャラクターはきっと生きて帰って来られないんだろう」と予測を立てる。この予測を「死亡フラグ」を立てたって言うんだよ

フラグというのは、悪いときにしか使わないのか?

そんなこともないよ。たとえば初期に嫌い合ってるキャラクターが2人いたとする。その片方が、相手の普段とは違った一面を見てキュンとしたら、「**恋愛フラグ**」が立ったりね。でも、悪い意味のほうが多いかな

なるほどな、奥が深いな。ちなみにさっき言ってた……「回収」だったか、あれは？

「**フラグ回収**」のことだね。基本的にフラグは立てたら、「回収されるか」「折られるか」のどちらか。「フラグ回収」は、実際に予測した通りの未来になること。「フラグを折った」ら、予測した未来とは違うことが起きる

なかなかおもしろいな

……ところでテレビで将棋の王将戦見てるのに、どうしてパソコンで囲碁なんかやってるの？

これか？ これはな、経験則なんだが、お父さんが囲碁でAIに勝つと、応援してる△△九段も勝つからだ

あ、今ばっちりフラグ立ったな

うわ、今日の囲碁AI、超強い……

テレビ「ピー。まで、97手をもちまして、〇〇八段の勝ちとなりました」

そんな……

フラグとは立てたらたいてい回収されるものなのですよ

「フラグ」解説

　「フラグ」とは会話のなかで説明されているとおり、**ある結果が起きるときの前触れや予兆となるもの**です。「フラグ」が立つと、予測はだいたい当たり、当たるとフラグは回収されます。

　恋愛ものでも推理ものでもドラマにはある決まったストーリーの流れがあり、私たちはドラマを見るときに、そうしたストーリーの流れに沿って次の展開を予測しながら視聴しています。次の展開の鍵になるような発言や行動を伏線と言いますが、その伏線が見えたときに立つのが「フラグ」です。「フラグ」はいわばお約束であり、お約束が出てくると、若い世代は**「フラグが立った」**と表現し、お決まりのパターンに収束することを共有するわけです。

　一方、**「フラグ回収」**の世界はスピード重視です。うっかり口にした言葉がすぐに結果に跳ね返ってくると、「超速フラグ回収」「爆速フラグ回収」「瞬速フラグ回収」「鬼速フラグ回収」などと、「ほら、やっぱりね」と周囲からツッコまれることもしばしばです。

ほかに選択肢がない「一択」

せっかくドライブしていることだし、今日の夕飯は久々に外食でも行こうか。何が食べたい？

ピザがいい！　**ピザ一択**！

ピザ配達？

ピザいっ・た・く！　まったくこれだから昭和は。選択肢の二択、三択の一択

二択、三択は聞くが、一択なんてそんな言い方があるのか。初めて聞いたな

嫌な予感がする

よし、例文だ！

やっぱりこうなる……。たとえばスマホ買う時に、「スマホの色どれが良い？」「赤一択でしょ！　赤しかない」みたいな感じで、強い意志を表すよ。**選択肢が二択でも三択でもなく一つしかない**ってことだね

なるほど。おもしろい表現だな。それにしても「赤しかない」ってかなり極端だな。あれ、「〜しかない」っていうのも最近聞いたような

それだけ意志が強いってこと。でも確かに「〜しかない」って言葉は流行りかもね

そういえば、言い忘れていたんだが……

え、何?

一択議論をしているうちにピザ屋への道を曲がりそこねてしまったから、今日は家で食べようか

ああ、せっかくの外食が……

「一択」解説

　私たちが新語に触れたとき、いかにも新語らしい新語で、「あっ、これは新語だ」とすぐに気づくものと、新語らしくない新語で、**「よく調べてみると新語だった」**という気づきにくいものがあります。

　たとえば、**「タメ口」**は上下関係のある相手と対等な口の利き方をするときに使いますが、今ではあまり新語という意識はないでしょう。前倒しの反対の**「後ろ倒し」**、視線が置き換わった**「目線」**、立脚点を表す**「立ち位置」**など、じつは新しい言葉でも、新語っぽくなければ、私たちはいつの間にか使ってしまっているものです。

　「一択」も気づきにくい新語です。パソコンで漢字変換したところ、「一択」が表示されず、そこで初めて新語だと気づいた人もいるのではないでしょうか。選択肢はふつう複数なければならず、「四択」「三択」「二択」はあっても「一択」は考えづらいのですが、**選択肢が表面上は複数あっても、諸条件を考慮すると事実上ほかの選択肢は選べずに一つに決まること**はあり、それを「一択」と表現するわけです。新語らしい新語の形をしていないこうした**「気づかない新語」**にも私たちは感度を上げる必要がありそうです。

「同担拒否」は拒否られる

この人X（旧Twitter）でフォローしようかと思ったけど、**同担拒否**の人かあ。残念

どーたん拒否？

同担拒否とは、**同じ推しがいる人とは交流を持ちたくないと思う人のこと**だよ

うーん、全然分からん！ 例文と解説をしてくれたまえ

またずいぶんと偉そう……。これだから昭和は。じゃあ、まず「推し」からね。「推し」は覚えてる？

最近の若い子たちが熱いラブコールを送る相手だろう？

そうそう。たとえば、キャラクターAが好きな人がいて、**同じAが好きな人、つまりAを推している人と交流を持ちたくないっていうスタンス**が「同担拒否」です

難しいな。つまり自分と同じアイドルが好きな人とは関わりたくない、ということか

でも、なんで同担拒否なんかするんだ？ 推しているアイドルやキャラクターの話題を誰かと共有したいとは思わんのかね？

推しを誰かと語りたいってこと？ もちろんそういう人もいるよ。でも同担拒否の人にも事情はいろいろあるみたい

たとえば？

キャラクターに「リアコ」、つまりリアルに恋していて、他の人と共有したくないとか。キャラクターにたいする解釈違いを避けたいとか。あと、ランダムに出てくるグッズを集めているときに、他のキャラを推している人と交流があるほうが、自分の推しているキャラのグッズが手に入りやすいとかもあったよ

なるほど。分かるような、分からないような微妙な気持ちだなあ

難しいよね

長女でも理解できないとは、私では遠く及ばないな。あ、でもお母さんに関しては同担拒否だぞ

お熱いことで

「同担拒否」解説

　「同担」とは同じ対象の担当、すなわち、同じ人物やキャラを応援することを指しますので、**「同担拒否」**は**同じ推しを応援する仲間との交流を拒否すること**を表します。本来、同じ推しであれば仲間同士で話が盛りあがるはずですが、ある推しが好きすぎると同じ推しを好きな仲間がライバルのように思え、その推しを誰よりも自分が愛しており、誰よりもよく理解していると思っていればいるほど、かえって仲間との間に距離ができてしまうものです。

　「同担」の別の表現に**「推しかぶり」**がありますが、たしかにかぶるとお互いに息苦しいことが多く、むしろ推しの棲み分けができていたほうが関係はよくなりそうです。「同担拒否」はそうした微妙なファン心理をうまく表現しています。

　しかし、**「拒否」というのは強い表現**です。以前、強い拒絶のニュアンスが入る「登校拒否」という言葉が「不登校」という中立的な表現に変わりました。「着信拒否」「乗車拒否」「入店拒否」「取材拒否」など「拒否」が入る言葉はどうしても強いニュアンスが入り、拒絶された側の反発を招きます。「同担拒否」に賛否があるのも、そうした「拒否」の強いニュアンスに由来するのかもしれません。

まとめて「箱推し」!

そんなにたくさんグッズを買ってどうしたんだ？

箱推しだから選べなくて全員のグッズを買っちゃった

はこ、おし……？ 箱のお寿司？

お寿司じゃないよ。好きな**チームとかグループ全体を推すこと**だよ

よし、例文だ！

「私は○○ってグループが好きだけど、特にこの人ってわけじゃなくて箱推し！ みんな尊い！」

なるほど。前に出てきた同担拒否と対極なような気がするが……

いや、対極ではないかな。箱推しはグループ全体が好きで、同担拒否は自分の好きな人を誰とも共有したくない独占欲だから

相変わらず、難しい。さっき「尊い」と言ったが、これはオタクの言葉なのか？

確かにオタクがよく言う言葉かも。ちなみに勘違いされがちなんだけど、オタクっていうと、「アニオタ」つまりアニメオタクのことだと思われがちなんだよ。でも、実際は漫画オタクでも、車オタクでも、城オタクでもなんでも、好きなものがあったらオタクなんだよ

へえ、案外簡単にオタクになれるんだなあ。そうだ、同担といえばお父さんの動物園の推しはゾウたんよ（どうたんよ）

急に寒気が（棒読み）

「箱推し」解説

　「箱」は、整理や運搬のために何かを入れておく容器です。「箱入り娘」のように、傷がつかないように大事なものを入れておく語感があり、「箱」には高級感があります。たとえば菓子を贈り物にする場合、ばら売りのものを袋に入れて渡すよりも、箱詰めにして渡したほうが高級感が出るでしょう。

　何かをまとめて買う場合、「まとめ買い」という言葉以外に「大人買い」「箱買い」という言葉があります。**「大人買い」**は、お小遣いに限界があった子ども時代、誰もが憧れた買い方です。お小遣いが入るたびに1巻1巻細々と買うのではなく、全巻まとめて購入するという夢のような買い方です。**「箱買い」**も似たような意味であり、一つ一つ買うのではなく、箱に入ったままの状態でまとめて購入するという豪快な買い方です。

　「箱推し」は「箱買い」に似ています。たとえば、高級ブランドのクッキーの詰め合わせをギフトとしていただいた場合、箱のなかには多種多様なクッキーが入っています。種類によって個性はいろいろなのですが、全体としてその高級ブランド特有の統一感があり、どれもがおいしいと感じます。「箱推し」もそれと同じです。あるグループの**個々のメンバーの魅力だけでなく、グループ全体としての統一的な魅力がある**と、「箱推し」へとつながります。馬券を買う場合、本命馬がいれば単勝を買いますが、お気に入りが複数頭いる場合「ボックス買い」になります。ただし、「ボックス買い」は推しが多いと費用がかさむのが難点です。「箱推し」も費用がかさむのが難点と言えるでしょうか。

「民度」の高低

最近推しのVTuberのファンの**民度**が悪くってさ。アンチ多いの

それは嫌だね。やっぱり民度低いところは近寄りがたいよね。ガチで

それな。やっぱ有名になると民度は下がるし、アンチは増えるし、配信者さんは一生懸命やってるのにやるせないよね

アンチ？ 民度？ またおもしろそうな話をしているな

今回は登場するのが遅かったね

早速れい……

ちなみに、**民度はその界隈、その業界の人たちのマナーのこと**だよ

台詞が言えなかった……

民度が低い界隈の代表的なのは、我が虎柄のプロ野球チームかな

不本意だが、とても納得した。今は、昔より民度もだいぶ良くなったけども

確かにね。アンチはよくネット上で使うかな。誰か特定の配信者や活動者の人物像や行動コメントにたいして、誹謗中傷の言葉を書いたり嫌がらせをしたりする人のことだよ

なるほど。アンチは日常的にも聞く言葉だな

アンチは批評と別物で、ただひたすら相手のことが嫌いで、隙あらば相手のことをおとしめようとしているので気をつけたいね

私もアンチに気をつけなければ

その前に、アンチがつくぐらい有名にならないとね

「民度」の解説

　「民度」は一般には**「○○人」の文化的水準の高さを表す**ときに使う表現です。「日本人は民度が高い／低い」のように使います。とくに、社会のルールや公共の場所でのマナーを守り、他者に思いやりをもって接することができる人の民度が高くなりそうです。反対に、公共の場所で大声で話したり、列に割りこんだり、怒鳴りつけたりするなど、周囲に迷惑をかける人は民度が低いと判断されます。

　もともと「民度」の「民」は国民や民族の「民」であったはずですが、県民や市民の「民」にも広がり、子ども、子育て世代、高齢者といった世代別の民度も問題にされます。さらには、最近ではインターネット上のネット民のあいだには**「YouTube民」**「**インスタ民」「X民（旧 Twitter民）」**などがいて、それぞれの民度を競っています。アイドルグループやお笑いグループのファンにも民度がありますし、最近では一部の「撮り鉄」の民度が社会的に問題となっています。

　つまり、**本来、「国民」や「民族」を対象にしていた「民度」が、ある特定の社会集団の「民度」へと拡張している**わけです。そして、「民度」を問題にする場合、だいたいはマナーや態度が悪いことに言及されますので、「低い」「下がる」などと一緒に使われます。数名の人の言動でその集団の民度を測るのは過度の一般化であり、ステレオタイプなものの見方を助長しますが、ある集団の成員である自分がその集団の民度を代表することにもなるという意識は持っていてもよさそうです。

マジで「神」

 昨日お姉とバスに乗ってたら、そのバスの運転手さんがめっちゃ優しくってさ。ほのぼのしたの

 優しい？

 うん。バスに乗り遅れまいと、バス停に向かって必死で走っている子連れのお父さんに「ゆっくりで大丈夫ですよ」って車外アナウンスしてさ

 そうそう。終点に向かっているときにその男の子が「降車ボタン押したい」って突然言い出して、お父さんが困りはてていたら、「押して大丈夫ですよ」って言ってくれた上に、ピンポーンって鳴ったら「次、停まります」ってアナウンスまでしてくれて、思わずほっこりしたよね

 うちもキュンってきたよ

 ガチで？ **神じゃん**。あたしも見たかったな

ちょっと待った！

 あ、お父さん

にぎやかだね。1章も終わりに近づいたところで、まさか三女まで登場してくるとはびっくりしたよ

ようやくオールスターになったね

ちょっと、2人ともメタな話しないの！

すまんすまん。すてきな話も良かったが「神」というのが気になってな

本当に目ざといね

まあまあ。それで「神」っていうのは「すごい」「素晴らしい」という意味で合っているか？

そんな感じだよね。うちも今「すごっ」ていうつもりで言ったし

「神業」なんていうのも流行っていたなあ

神がかり的な技ってことだよね。職人技とか、アーティストのアクロバティックなパフォーマンスなんて、まさに「神業」だよね

「神」なら使いこなせるような気がするよ

あ、でも、もう旬はとっくに過ぎてるよ

 確かにうちも久しぶりに使ったかも

そ、そんな……

ドンマイ

 これが我が家のほのぼの日常だね

「神」の解説

　いつからか、日本語の世界に**「神」**という言葉があふれるようになりました。八百万の神という言葉に象徴されるように、もともと日本は伝統的に神を見いだす社会であったわけですが、**人の心を揺さぶる奇跡のような出逢い**には「神」がつくようになりました。**「神回」「神曲」「神席」「神配信」「神営業」「神対応」「神ゲー」「神アニメ」「神アイテム」**などが見られます。

　スポーツなどで神がかったプレイは**「神っている」**という動詞で表現され、料理の神がかった味は**「神的なおいしさ」**という形容詞で表現されます。感動的な舞台を見られたら舞台演出は**「神すぎる」**と評価され、落とした財布が無事に戻ってきたら拾い主は**「マジ神」**と賞賛されます。

　私自身はクリスチャンですが、イエス・キリストのことを「マジ神」とは言いません。日本語における「神」は人間とは別の次元の神ではなく、あくまでも人間の延長線上にある神のような存在だからです。絶対神であるキリスト教の「神」に対し、日本の伝統的な「神」は相対神、つまり、**神らしさという程度のある「神」**です。日本語の「神」は、本物の神ではなく比喩としての神であり、奇跡に近い「やばい」存在であれば、人でも物でもすべて「神」になれるのです。

高カロリーは「罪の味」

家族が寝ついたころ、長女がこっそり1人でスナック菓子を食べている

 この甘じょっぱい味がたまらない……！

 夜のこんな時間に何を食べているんだ？ 食べ過ぎはよくないぞ

 やべ、見つかった。……いや、分かってるんだけど、このスナック菓子が悪いよ。甘みの中に塩気があることで無限に食べれるんだよ。まさに罪の味！

 罪の味？ おもしろい表現だな。よし例文だ！

 お菓子食べるのに忙しいのに……

 少しでもお菓子から遠ざけようという親心だ

 よく言うよ。お父さんも冷蔵庫すぐあさるくせに

 こらこら

「夜中に食べるマックは罪の味」。「罪の味」は文字通り、**とてもおいしいんだけど、食べることに罪を感じるときに使う**よ。たとえば、**カロリーが高いとか、時間的にやばいときとかに使う**かな

時間的にやばい？

主に、**夜中にハイカロリーなものを食べること**

なるほど。まさに今なわけか

そうそう、お父さん、冷凍庫にバターアイスあるらしいよ。濃厚バター風味で、ずっしり感があるんだって。それから冷蔵庫にあるしっとりチーズケーキはいかが？

やめろ、共犯にしないでくれ

生地はぷるぷる。フォークを通すと、すっと切れて、それからザクッ。しっとり濃厚で、レモン香る。上にはホイップクリームを少し乗せて……

夜のケーキ！ なんて、罪な味なんだ……

たまには皆さんも「罪の味」、味わってみませんか？

「罪の味」解説

　「人の不幸は……」で始まる文を完成させなさいという問題が出されたら、**「人の不幸は蜜の味」** という文を作る人は少なくないと思います。新約聖書のローマの信徒への手紙12章15節には「喜ぶ人と共に喜び、泣く人と共に泣きなさい」という言葉があります。これこそが人としてあるべき姿だと思うのですが、人との比較に日々さらされている私たちの本音は「人の不幸は蜜の味」なのかもしれません。

　「味」のつく言葉はたくさんあり、よい意味でも使われます。家庭の味は **「おふくろの味」** と呼ばれ、ミルキーは **「ママの味」** のキャッチフレーズで昔から有名です。お酒の入った苦い味は **「大人の味」** でしょうし、実際に食べられるわけではありませんが、**「勝利の味」** は格別でしょう。

　「罪の味」 は会話本文にあるように、ダイエットの大敵であるハイカロリーな味ですが、「背徳の味」「悪魔の食べ物」などとも呼ばれます。倫理的に問題があるわけではありませんが、後ろめたさを伴います。しかし、**後ろめたさを伴うからこそ、そこに魅力があるというニュアンス**が「罪の味」という言葉にはあります。

流行ったあとの「死語」の世界

女子高生のあいだで流行りのマジ卍……　しかし、意味がまったく分からない

まったく、これだから昭和は

うるさいぞ。しかし、これは本当に日本語なのか？　よし、早速例文を……

例文を作るのはいいけど、それ死語だよ

なに!?　し、死語……？

もう古いって意味だよ

いや、それは分かるが……。マジ卍はもう古いのか、使わないのか……

何で急にマジ卍を調べ出したの？

職場の若い同僚が最近やたらマジ卍を使っていてな。いい機会だから勉強してみようかと思ったんだが……

あるあるだよね。**流行りの言葉をキャッチしていざ使おうと思ったら、だいたい世間的にはもう古い**んだよね。私もよく次女に「それは古い」だの「死語」だの「これだから平成は」とまで言われるよ……。時の流れは無常だね

 次女も平成生まれなんだがな……。しかしそうか。長女も流行りについていくには、勉強が必要な年齢になったか。もうすっかり、こっちの側の住人だな

 お願いだから一緒にしないで！

流行ったあとの「死語」の世界

女子高生のあいだで流行りのマジ卍……　しかし、意味がまったく分からない

 まったく、これだから昭和は

うるさいぞ。しかし、これは本当に日本語なのか？　よし、早速例文を……

 例文を作るのはいいけど、それ死語だよ

なに⁉　し、死語……？

 もう古いって意味だよ

いや、それは分かるが……。マジ卍はもう古いのか、使わないのか……

 何で急にマジ卍を調べ出したの？

職場の若い同僚が最近やたらマジ卍を使っていてな。いい機会だから勉強してみようかと思ったんだが……

あるあるだよね。**流行りの言葉をキャッチしていざ使おうと思ったら、だいたい世間的にはもう古い**んだよね。私もよく次女に「それは古い」だの「死語」だの「これだから平成は」とまで言われるよ……。時の流れは無常だね

次女も平成生まれなんだがな……。しかしそうか。長女も流行りについていくには、勉強が必要な年齢になったか。もうすっかり、こっちの側の住人だな

お願いだから一緒にしないで！

「死語」の解説

　言葉の世界は栄枯盛衰が激しいものです。**「ナウい」**という言葉は、私が子どものころの流行語で、当時は新しい感じがしたのですが、今では博物館入りしそうな言葉です。また、一昔前は**「○○なう」**と書いて、自分が今どこにいるかをアピールしたものですが、最近では流行らなくなりました。

　「KY（空気読めない）」も出た当時はかなりのインパクトを感じました。**「忖度」**という言葉が本格的に社会に広まる少しまえだったかと思うのですが、空気を読むことを求められた当時の時代感覚を先取りした言葉としてかなり流行しました。しかし、今では見かけることは少なくなっています。実物を表す「JK（女子高生）」や「TKG（卵かけご飯）」は根強く残っていますが、**時代の空気感という感覚的なものは衰退しやすい**のでしょう。

　「マジ卍」や**「わけわかめ」**のような語呂がよい言葉も、時が経つにつれて、軽薄な響きだけが耳に残るようになります。新語は出現してからしばらくは「新しい」という感覚で使われますが、古くなると「恥ずかしい」という感覚に変わります。私のようなおじさんが新しい言葉を借りて使うと、すでにその言葉が古びていたり、文脈に合わない用法になったりして、「痛い」印象を周囲に与えてしまうので注意が必要だと感じます。

コラム 1

同じ日本語でも通じない

　言葉はコミュニケーションの道具ですが、人が言葉でコミュニケーションをする場合、同じ言葉を話さなければなりません。日本語しかできない日本人とベトナム語しかできないベトナム人とではコミュニケーションができません。日本人がベトナム語を話せるか、ベトナム人が日本語を話せるか、あるいは両方とも使える英語のような言語を話せるかでないと、コミュニケーションは不可能です。私たちは共通言語があって初めてコミュニケーションが成り立ちます。

　日本人同士であれば同じ言葉、すなわち日本語が共通言語になり、コミュニケーションが可能です。しかし、同じ日本人であれば、つねにコミュニケーションができているかと言うと、そんなことはありません。日本語にも種類があり、その人の持っている属性によって日本語の種類が変わるからです。

　たとえば、出身地を考えてみましょう。秋田県出身の人が話す秋田弁と、鹿児島県出身の人が話す鹿児島弁でコミュニケーションができるでしょうか。お互いが手心を加えない秋田弁と鹿児島弁で話すならば、コミュニケーションは難しいはずです。お互いが共通語（標準語）で話すか、共通語に近づけた秋田弁・鹿児島弁で話さないかぎり、意思疎通はできないでしょう。つまり、日本語には地域別の方言という種類があり、お互いが共有する種類の言葉を使わないと、コミュニケーションが困難になるわけです。

　同じように、年代という属性によってもコミュニケーションが難しくな

ることがあります。一方が幼児語で、もう一方が老人語で話すならば、幼児は高齢者の言葉を理解できず、高齢者も幼児の言葉の多くを理解することは困難です。お互いが歩み寄り、幼児でも理解できそうな言葉、高齢者でも理解できそうな言葉を選んで初めてコミュニケーションが成り立ちます。若者語も年代という属性による言葉の種類の違いであり、同世代にしか伝わらない表現を使うと、他の世代が理解しにくくなります。つまり、日本には年代別の言葉が存在し、お互いが共有する同じ種類の言葉を使わないと、方言ほどでなくても、コミュニケーションが難しくなるわけです。

　このように、一口に日本語と言っても、そのなかにはたくさんの種類があり、私たちはTPOに応じてそれを選択しながら生活しています。たとえば、お医者さんであれば、病院で高齢者の患者さんと話すとき、幼児の患者さんと話すとき、看護師さんと話すとき、家庭で家族と話すとき、地域でご近所さんと話すときでは言葉の種類を使い分けて生活しています。つまり、場面や相手に合わせて、人は異なる言葉を選択しているわけです。このように、言葉にはTPOに応じた種類があり、状況に合わせて言葉の使い分けを行っていることを研究する学問を社会言語学と言います。若者言葉は言うまでもなく、社会言語学の研究対象です。

［参考文献］
石黒圭（2013）『日本語は「空気」が決める 社会言語学入門』光文社

若者造語

「うれしさ」から「うれしみ」へ

今年の花粉は辛いよ。過去最悪だ

それ毎年言ってない？

うちも目が痒いよ。咳もくしゃみも出るし

私も鼻水は止まらないし、目は擦りすぎて充血するしで散々だよ

今は子どもでも花粉症の人が増えているから大変だな。今年は本当につらい

私もさっき、お父さんに突っ込んだけど分かるよ。今年の花粉は**やばみ**を感じる

やばみ？ 初めて聞いたなあ。よし、気になるから例文を！

お父さんの知的好奇心が花粉に勝利しちゃったよ

「毎日同じ投稿を繰り返すアカ、やばみがある」とか？

それから？

「うれしみ」 もあるよ。「憧れの女優に会えて、うれしみが深い」とかかな。形容詞に「さ」じゃなくて「み」をつければ何でもできるよ

うれしみが深い……。不思議な表現だな

うれしみは「深い」だけじゃなくって、「ある」「感じる」って言葉とも使うよ

なるほど。しかし、もうすぐ春も終わるからもう少しの辛抱だな

やったね！

いいよね。お姉は春だけで済んで。っちはアレルギーのせいで年中苦しめられるというのに……

ごめんって

「〇〇み」解説

　「深い」を名詞にするときは、**「深さ」と「深み」のいずれかを選ばなければなりませんが、「さ」と「み」、この微差がじつは大きな差です**。どのようにニュアンスが変わるのでしょうか。

　「この沼の深さは3メートルである」のように「深さ」は、物差しで測れる客観的な尺度になります。「この沼の深みは3メートルである」が誤りであることからも、それがわかります。これにたいして、「この沼の深みにはまる」のように「深み」は、深度はわからないものの、実感として深いと感じるところを示します。**「深み」のほうが、実際の深さがわからないだけ怖い**と言えるでしょう。

　一方、「浅さ」と「浅み」はどうでしょうか。客観的な「浅さ」は存在するものの、感覚的な「浅み」は存在しません。「浅み」は浅いので、感覚的にとらえる必要がないからです。

　しかし、最近、「さ」にたいする「み」が広がりを見せています。たとえば、「楽しみ」にたいする**「うれしみ」**はなかったはずですが、最近はよく使われています。**「やばみ」「つらみ」「さびしみ」**なども同様です。これらの共通点は、**もともと主観的な形容詞に「み」がついている点であり、実感を強調するために使われている**と考えられます。

共感できる「わかりみ」!

まだ5月なのに、最近はずいぶん暖かくなったなぁ

そうだね

この前、蚊の「プーン」という音を聞いて、ゾッとしたよ。湿気も感じるようになって、夏が来る前にバテてしまいそうだ

それめっちゃ分かる

このまえはついにノースリーブで出かけてしまったよ。今の時期から日焼け対策しておかないとダメだし、気が重いな

わかりみが深い

さっきからその適当な返事は何だ?

ほら、私たち気の置けない仲だからね

人の話聞いてないなら、窓閉めて暖房つけようかな

やめて、溶けちゃう。てか、お父さんこそ日焼けしてボディビルダーになるくらいの気概でいなきゃ

 さすがに50代にそれは酷だよ

 その50代がノースリーブはちょっと……

 ……それは置いておこう。そういえば「わかりみが深い」って初めて聞いたな。よし、例文だ!

 そのまんまなんだけど?

 今日の長女は反抗的だな

 それは、お父さんが私の分のアイス食べちゃうからでしょ

 食べ物の恨みは怖いな。じゃあ、今度ハーゲンダッツを買ってやるから

 ならよし。例文としては、「桜見て感動! 感激! 感涙! まではいかなくても、春になると、ふとお花見したくなるよね」「**それな。わかりみが深い**」などなど

 確かに花見は毎年行くなぁ

でしょ。こういうときに**「分かる分かる」「めっちゃ分かる」「大いに共感する」**というニュアンスで使うよ

他にはあるか？

似たようなものだと「食べたみ」かな

そんなものまであるのか

これだから昭和は

うるさいぞ

ちなみに例文は「私が大事にしていたアイス、もうなくなっちゃったな。テストのごほうびとして、なけなしの財産はたいて一週間前から楽しみにしてたのになあ。せっかくテストがんばったのに。アイス食べたみすぎる」

悪かった。ハーゲンダッツ、箱で買ってやるから。……はあ、給料前なのに、つらみ

「わかりみ」解説

「み」がつくのは形容詞だけではありません。**「わかる」という動詞に「み」がついた「わかりみ」という語**が若い世代のあいだで広まっています。

「知る」と「わかる」の違いは何でしょうか。「知る」は知識を手に入れるだけですが、「わかる」は理解と共感を伴います。「わかりみ」で大事なのは後者の共感です。「わかりみ」は**「その気持ち、わかるわかる」**と共感する言葉です。

「わかりみ」は文末に使われることが多く、**「わかりみ！」**などと単独で使われるのが一般的です。共感がとくに強い場合は**「わかりみが深い」**という形もよく使われます。そのほか、**「わかりみが強い」「わかりみが過ぎる」「めっちゃわかりみ」「わかりみしかない」**など、慣用句的なパターンは豊富で、どれも強い共感を表します。

世間にはびこる「○○詐欺」

テレビニュースを見ていた長女

特殊詐欺で80代女性が1000万振り込むかぁ。**特殊詐欺**って、オレオレ詐欺や振り込め詐欺に代わり、ここ何年かで広まった言葉だよね

いや、今は進化の時代だぞ

何の進化？

特殊詐欺も進化して新手の特殊詐欺が増えているんだ

新種の詐欺ってこと？

そう。**外側と中身のギャップの激しい詐欺**だ。たとえば「**表紙詐欺**」。これは表紙と中身が違いすぎる。「**マスク詐欺**」はマスクの顔と素顔が違いすぎること。それから「**タイトル詐欺**」はタイトルと内容が違いすぎること

すごい、詳しいね。最後のタイトル詐欺なんかは「**サムネ詐欺**」と似てるね

サムネ？

これだから昭和は。サムネイルのことだよ。YouTubeとかの再生する前の最初に表示されるやつ。動画内の画像が載っていたり、タイトルが書いてあって一目でどんな内容か分かるものだよ

いまいち分からない

映画館にあるポスター、あれも一種のサムネイル画像だよ

なるほど、あれか

映画はともかく、普通の動画はだいたいサムネイルを誇大表現していることが多いから、粗探しするつもりで見てみるとおもしろいよ

さては、性格悪いな？

親に似たのかなあ……。遺伝って怖いね

「〇〇詐欺」解説

「オレオレ詐欺」が流行りだした当初、「オレオレ詐欺」という
ネーミングのおかげで、相当数の人が引っかからずに済んだよう
に思います。わかりやすいネーミングで、詐欺グループがどのよ
うな手口で詐欺行為を働くか、すぐにイメージできたからです。

　しかし、「オレオレ詐欺」の時代は長くは続きませんでした。
詐欺の手口が巧妙化し、電話口で「オレオレ」と名乗らない、た
とえば還付金詐欺のような新たな手口が登場したからです。その
ため、「オレオレ詐欺」は**「振り込め詐欺」**というネーミングに
変わりました。ところが、今度は**振り込みを伴わないさらに別の
手口の詐欺**が生まれました。そのため、結局**「特殊詐欺」**という
ネーミングに落ち着きました。

　「オレオレ詐欺」「振り込め詐欺」「特殊詐欺」の社会現象化は、
「詐欺」という言葉が広く使われるきっかけを作りだしました。
たとえば、ご飯などに誘われたら、口では「行く行く」と言うの
だけれど、実際には行かない**「行く行く詐欺」**。これは学生時代
の友人に多く見られます。また、口では「これいつかあげるよ」
と言うのだけれど、実際にはなかなかくれない**「あげるあげる詐
欺」**。これは親戚のおじさんによく見られるパターンです。口で
は実現にむけて検討すると言うのだけれど、実際にはやらない
「やるやる詐欺」、こちらは政治家によく見られるパターンです。

　過剰な情報があふれる現代社会、これからも**うわべだけを取り
繕って、中身を伴わない「〇〇詐欺」**が減ることは、残念ながら
期待できそうにありません。

第２章　若者造語

笑いすぎて「腹筋崩壊」

 そういえば覚えてる？ 我が家で有名なあのサングラス事件

 懐かしいね。おばあちゃんが落としたサングラスを、おじいちゃんが踏んだのに、「落としたお前が悪いんだ」っておじいちゃんが怒った話ね

 あれは何回思い出しても面白いよ。サングラスを踏まれた上に怒られてしまったおばあちゃんの唖然とした顔。**腹筋崩壊**しそう

おもしろそうな話をしているな？

 あ、また出た

出たとは失礼な

 それよりもお父さん、今度は何が引っかかったの？

サングラス事件も聞きたいが、腹筋崩壊という言葉が気になったんだ

「○○詐欺」解説

「オレオレ詐欺」が流行りだした当初、「オレオレ詐欺」という
ネーミングのおかげで、相当数の人が引っかからずに済んだよう
に思います。わかりやすいネーミングで、詐欺グループがどのよう
うな手口で詐欺行為を働くか、すぐにイメージできたからです。

しかし、「オレオレ詐欺」の時代は長くは続きませんでした。
詐欺の手口が巧妙化し、電話口で「オレオレ」と名乗らない、た
とえば還付金詐欺のような新たな手口が登場したからです。その
ため、「オレオレ詐欺」は**「振り込め詐欺」**というネーミングに
変わりました。ところが、今度は**振り込みを伴わないさらに別の
手口の詐欺**が生まれました。そのため、結局**「特殊詐欺」**という
ネーミングに落ち着きました。

「オレオレ詐欺」「振り込め詐欺」「特殊詐欺」の社会現象化は、
「詐欺」という言葉が広く使われるきっかけを作りだしました。
たとえば、ご飯などに誘われたら、口では「行く行く」と言うの
だけれど、実際には行かない**「行く行く詐欺」**。これは学生時代
の友人に多く見られます。また、口では「これいつかあげるよ」
と言うのだけれど、実際にはなかなかくれない**「あげるあげる詐
欺」**。これは親戚のおじさんによく見られるパターンです。口で
は実現にむけて検討すると言うのだけれど、実際にはやらない
「やるやる詐欺」、こちらは政治家によく見られるパターンです。

過剰な情報があふれる現代社会、これからも**うわべだけを取り
繕って、中身を伴わない「○○詐欺」**が減ることは、残念ながら
期待できそうにありません。

笑いすぎて「腹筋崩壊」

 そういえば覚えてる？ 我が家で有名なあのサングラス事件

 懐かしいね。おばあちゃんが落としたサングラスを、おじいちゃんが踏んだのに、「落としたお前が悪いんだ」っておじいちゃんが怒った話ね

 あれは何回思い出しても面白いよ。サングラスを踏まれた上に怒られてしまったおばあちゃんの唖然とした顔。**腹筋崩壊**しそう

おもしろそうな話をしているな？

 あ、また出た

出たとは失礼な

 それよりもお父さん、今度は何が引っかかったの？

サングラス事件も聞きたいが、腹筋崩壊という言葉が気になったんだ

え、腹筋崩壊知らないの？

昭和だからしょうがないよ。SNS全盛による誇張表現らしいよ。だから、SNSに縁もゆかりもない人は分からないかも

そうなんだ

お父さんはそんな言葉に屈しないぞ……！　よし、例文だ！

「**笑いすぎて腹筋崩壊**」。それ以外では「**映画に感動して涙腺崩壊**」「**整形しすぎて顔面崩壊**」などいろいろだね

おお、まだまだありそうだな。しかし「崩壊」ではなく「再建」ならいいのになあ

「崩壊」の解説

　「崩壊」というのは激しい現象です。物理的に「崩壊」が起きるのは、一つは震災、もう一つは戦争です。「倒壊」や「破壊」という言葉も使われますし、「崩壊」も頻繁に出てきます。建物も、家屋も、道路も、斜面も、「崩壊」の対象です。

　「崩壊」が起きるのは、目に見えるものばかりではありません。制度も組織も「崩壊」しますし、家庭では**「生活崩壊」**が、学校では**「学級崩壊」**が深刻です。前世紀末では**「バブル崩壊」**が盛んに議論されました。社会における秩序の崩壊もまた深刻です。

　しかし、**最近の若い世代の使う「崩壊」は、感情を対象にしたものが多い**印象です。会話のなかにも出てきた、**笑いすぎての「腹筋崩壊」、涙を流しすぎての「涙腺崩壊」**の二つが代表です。

　「腹筋崩壊」「涙腺崩壊」はポジティブな意味ですが、その一方、「崩壊」は心身のバランスの崩壊に使われやすく、外見の**「顔面崩壊」「作画崩壊」**、内面の**「キャラ崩壊」「メンタル崩壊」**など、ネガティブなものもよく目にします。

乱れ飛ぶ怪しげな「○○説」

 一番大きい都道府県は？

 北海道！

 じゃあ、一番小さいのは？

 どこだっけ。東京？

いや、香川だろう？　二番目に小さいのが大阪で、三番目が東京

 東京って意外と大きいんだね

 じゃあ二番目に大きい県と三番目は分かる？

どこだろう……。新潟？

 これは**みんな分からない説**あるね

ん？

どうしたの? うち、なんか変なこと言った?

 「みんな分からない説」って?

 ああ、また出ちゃったよ

 よし、例文だ!

 今のは**○○説って言って、可能性を表すときに文や単語の後ろに「説」をつける言葉**だよ。「朝マックは迷ったらエッグマックマフィン頼んでおけば後悔しない説」「今寝たら朝起きられない説」「コストコの大容量ピザ最強説」とか

 いまいちピンとこないな

 説は「ある」ときに使うイメージだね。あと何かを推すときには「最強説」はよく聞くよね

 「仕事終わりの一杯は最高説」とか?

 そういう感じ! ちなみにさっきの話は2位が岩手で、3位が福島だよ

 東北の県はどこもデカい説ある

「○○説」の解説

　私たちは、知らず知らずのうちに世間の考え方に従って生きています。**「一度始めた仕事は3年は続けてみろ説」**という「説」は「石の上にも3年」ということわざから来ているのでしょうか。すぐに辞めると社会的な評価が下がるし、我慢しているうちに見えてくることがあるという大人の知恵かもしれません。しかし、今は合わない仕事を続けるのは時間の無駄で、むしろ3年搾取されるだけで成長もなく終わると考える若者のほうが多いでしょう。つまり、大人の知恵もまた、単なる説にすぎません。

　また、**「方言を話す人は心が温かい説」**という「説」もあります。たしかに田舎に住む人のほうが都会に住む人よりも総じて温かい印象はありますが、田舎にも、閉鎖的な感覚しか持てず、心の冷たい人もいるでしょうし、都会にも、困っている人に手を差し伸べられる、心の温かい人はいるでしょう。これもまた、人によるとしか言えないわけで、単なる説にすぎません。

　ほかにも、**「サザエさんのじゃんけんで勝つと、何か悪いことが起きる説」**や**「ガチャで運が悪いと、リアルな世界で良いことがある説」**など、運試しのような「説」もありますし、**「このお菓子、誰もが一度はお土産にもらったことがある説」**や**「ネット民なら、一度は詐欺サイトをクリックして不安になったことがある説」**など、あるあるの「説」もあるでしょう。不透明な時代には、経験則で得た、確証のない仮説を人は唱えたくなるようです。

ほめられただけで「大絶賛」

 これどうかな。上手に焼けたと思うんだよね。ゴリラのクッキー

 うん、美味しいし、ブサ可愛いし、お母さんも**大絶賛**してくれると思うよ

ちょっと待った！

 どうしたの？　お父さんも食べる？

見た目はすごいが美味しそうだし、一つ頂こうかな……って、それは置いといて

 置いとかれた

あとで食べるから。今は「大絶賛」という言葉が気になってな

 大絶賛？

 普通じゃない？　あ、もしかして絶賛が分からないとか

さすがに絶賛ぐらいは分かる。ただ、「大」を付けなくても十分通じると思うんだが

これだから昭和は。確かに通じるよ。でもつい「大」ってつけたくなるんだよね。ならない？

ならない

でもネット記事の見出しとかでは見るよ。特にスポーツ記事とか。「2回6失点の**大炎上**。〇〇降板」なんてニュースはつい先日も見たよ

うっ、もう聞きたくない。確かにネットで検索してみるとよく出てくるな

他にも「**大爆笑**」「**大波乱**」などなど。**どれも元の言葉でも意味は伝わるけど、「大」をつけたがる**よね

SNSって煽ってなんぼだからね

お父さんは親友を越えた「**大親友**」って言葉が好きだな

昭和時代のノスタルジーだね

「大○○」解説

　話し言葉では話を盛りがちです。とくに若い人同士の話では、**盛りあげたいという意識が働くため、大げさな表現を選択したがります**。「成功」「失敗」でよいのに**「大成功」「大失敗」**を選んでしまいます。周りからは「たいした成功でも失敗でもないのに」と冷ややかなツッコミが来ないか、こちらが冷や冷やしてしまいます。

　しかし、これを若い世代のせいにだけするのは不公平でしょう。「大○○」と**何にでも「大」を付けて表現するのは商業社会の宿命**であり、私たちはそうした誇大広告を年中目にしているからです。少し評判がよいだけでも**「大好評」**、いくつか反響があっただけでも**「大反響」**になります。ちょっとワクワクしてきたら**「大興奮」**ですし、胸が熱くなったら即座に**「大感動」**です。煽ってなんぼが広告の世界であり、こうした表現に慣らされた私たちは「大」が付かないとかえって落ち着かなくなり、つい大げさな表現を選択してしまいます。

　とくに、「絶賛」「喝采」「号泣」「波乱」のように、それだけで十分「大」の意味を備えていると思われるものでさえ、**「大絶賛」「大喝采」「大号泣」「大波乱」**となってしまいます。ここまで「大」を付けまくると、言葉自体が軽くなってしまいます。大人として言葉を使うときには、**誇張表現は控えめに**お使いになることをお勧めします。

意識高い系の「○○系」

 あ、ハンカチ忘れた

 うちも持ってないよ。いつのか分からないのがカバンに入ってはいるけど洗濯に出すのがめんどくて

 しょうがないな。貸したげるよ

 よ、さすが**意識高い系**

 まったく、虫のいい……

 ちょっと待った！

 お父さんもハンカチ欲しいの？

それぐらい持ってるぞ。そうじゃなくて「意識高い系」って何だ？

 そのままの意味だよ。意識が高い人って、言ったつもりなんだけど

「系」っていうのはタイプとか種類のことか？

うん、そういう感じだね。**「系」ってつけておけば、それだけで一括りにできる**からよく使われるよ

有名どころだと「草食系」男子、「肉食系」女子とか

聞いたことあるな

何でもありだよ。「残念系」とか「絶食系」とか、「雑食系」もあるらしいよ。ちなみにお姉は「夢見がち系」オタク女子

いや何それ。聞いたことないよ

それはそれで気になるな

我が家には「ウサギ大好き系」オタク女子もいるし

それってうちのこと？

あとは「若者言葉に興味ありすぎて、若干しつこい納豆系昭和男子」とか何でも作れるよ。ここまで長いのは正直聞いたことないけど

我が家では「〇〇系」作りが流行ってるのかなあ

 待て待て、「納豆系」ってお父さんのことか？

 語感がいいから「系」って使いやすいんだよね

 え、無視……？

「○○系」の解説

「○○系」はタイプ分けに使われる言葉です。たとえば、世界の地域がそうで、「アジア系」「アフリカ系」「ヨーロッパ系」「大陸系」「島国系」などと言います。また、学問の世界でも、「文系」「理系」「人文社会系」「自然科学系」「心理学系」などと言ったり、ビジネスの世界でも、「外資系」「日系」「金融系」「IT系」「マスコミ系」などと言ったりします。こうした「○○系」は専門用語に近いものです。

　日常的によく使われるのは、キャラのタイプ分けでしょうか。**「かわいい系」「きれい系」「かっこいい系」「チャラい系」**などと使われます。また、最近のSNSにおいても分野の分類で「○○系」はよく使われます。YouTuberには**「料理系」「動物系」「教育系」「スポーツ系」「ニュース系」「ファッション系」**などがあり、最近**「迷惑系」「暴露系」「世直し系」**が世間を騒がせています。

　若い世代の「○○系」の特徴は、「系」の直前の部分が長くなることです。たとえば、**「アイドル的なキュートさに、ちょっぴり天然の要素が加わった、あざとかわいい系女子」**のように「系」の直前の要素を長くして、自分らしさを出す傾向があります。

我が家では「〇〇系」作りが流行ってるのかなあ

待て待て、「納豆系」ってお父さんのことか？

語感がいいから「系」って使いやすいんだよね

え、無視……？

「〇〇系」の解説

「〇〇系」はタイプ分けに使われる言葉です。たとえば、世界の地域がそうで、「アジア系」「アフリカ系」「ヨーロッパ系」「大陸系」「島国系」などと言います。また、学問の世界でも、「文系」「理系」「人文社会系」「自然科学系」「心理学系」などと言ったり、ビジネスの世界でも、「外資系」「日系」「金融系」「IT系」「マスコミ系」などと言ったりします。こうした「〇〇系」は専門用語に近いものです。

日常的によく使われるのは、キャラのタイプ分けでしょうか。**「かわいい系」「きれい系」「かっこいい系」「チャラい系」**などと使われます。また、最近のSNSにおいても分野の分類で「〇〇系」はよく使われます。YouTuberには**「料理系」「動物系」「教育系」「スポーツ系」「ニュース系」「ファッション系」**などがあり、最近**「迷惑系」「暴露系」「世直し系」**が世間を騒がせています。

若い世代の「〇〇系」の特徴は、「系」の直前の部分が長くなることです。たとえば、**「アイドル的なキュートさに、ちょっぴり天然の要素が加わった、あざとかわいい系女子」**のように「系」の直前の要素を長くして、自分らしさを出す傾向があります。

はらはらする「○○ハラ」

最近ニュースで**ハラスメント**って言葉よく聞くなあ

そうかな？ けっこう前から聞く気がするよ。ああ、でもモラハラはわりかし最近かもね

そういえば、モラハラって何？ パワハラと何が違うの？

そう言われると、確かに区別があいまいかも

今日はお父さんが説明してあげよう。そもそも**「ハラスメント」は「嫌がらせ」や「いじめ」**のことで、パワハラ（パワー・ハラスメント）は職場で起きる理不尽なハラスメントのことだけど、**モラハラ**（モラル・ハラスメント）は上司だけでなく、夫をはじめとして家庭でも起きるぞ

大学だと、**アカハラ**（アカデミック・ハラスメント）なんてものも耳にするようになったね

今ではいろいろなハラスメントがあるからな。**セクハラ**（セクシャル・ハラスメント）、**マタハラ**（マタニティ・ハラスメント）だったり、**アルハラ**（アルコール・ハラスメント）だったり

ハラスメントはなくなるといいのにね

そうだな

余談だけど、**マルハラ**なんていうのもあるらしいよ

聞いたことがないな

大人世代がつける句点が若者世代にとっては威圧的に感じるっていうやつね。「印刷してください」と「印刷してください。」だと後者が威圧的だなって

そうか？ きちんとマルをつけない感覚には共感できないが、そんなものまであるんだな

ここまでいくと、ハラスメントの定義には当てはまらないから、マルハラは**ハラハラ**（何でもハラスメントと言いたてる嫌がらせ）かもね

もう、何がなんだか

「〇〇ハラ」解説

「ハラスメント」の数が増えてきていることはよく知られています。**「パワハラ」「セクハラ」**は代表的で、**「マタハラ（マタニティ・ハラスメント）」「カスハラ（カスタマー・ハラスメント）」「アルハラ（アルコール・ハラスメント）」**など、挙げていくと、枚挙に暇がありません。

私が若い世代に聞いた範囲では**「モラハラ（モラル・ハラスメント）」**がもっとも身近だと言います。ひどい言葉を投げかけられたり無視されたりして心が傷つく若い世代が多いということでしょうか。若い世代に「あなたの将来の夢は何ですか」と迫る**「夢ハラ（夢ハラスメント）」**や「人生をかけてやりたいことは何ですか」と詰め寄る**「WILLハラ（WILLハラスメント）」**なども、上の世代からすると親切のつもりでも、若い世代にとって大きなプレッシャーになるそうです。

本文に出てきた**「ハラハラ（ハラスメント・ハラスメント）」**のように、何でもハラスメントと叫ぶのもまた行きすぎですが、世代によってハラスメントの感じ方が異なる点には注意が必要です。

コラム 2

若者言葉も年を取る

　若者語は、50年後の老人語になる可能性があると言ったら驚かれるでしょうか。たとえば、「マジで」「すごい」が口癖だった私の世代が老人になっても使いつづけ、それより下の世代が「マジで」「すごい」を使わず、かわりに「ガチで」「やばい」を使っていれば、「マジで」「すごい」は老人語となります。かつての若者は今の高齢者ですので、その世代が他の世代と異なる特有の語を使いつづけていれば、その世代が若ければ若者語、年を取れば老人語になるわけです。

　もちろん、すべての若者語が老人語になるわけではありません。ある若者語は一時的に広がったものの、10年後、20年後には誰も使わず、死語になってしまうものもあるでしょう。「チョベリバ」「MK5」「アウトオブ眼中」などがそれに当てはまりそうです。詳しくは1章「流行ったあとの『死語』の世界」をご覧ください。

　社会言語学者の井上史雄氏は、井上（1994）のなかで、ある時点での若者が将来老いたときに使用するか否か、また、将来の若者が使用するか否かという観点から、次の表のように若者語を四つに分類しています。

	若者が老いて不使用	若者が老いても使用
のちの若者が不使用	一時的流行語	コーホート語（同世代語）
のちの若者も使用	若者世代語	言語変化

　ここから、若者語とは、その時点の若者世代が使う世代語で、かつ旧世

「○○ハラ」解説

代が使わなかった新語であると考えられます。新語が定着しないと「一時的流行語」としていずれ死語になり、博物館入りとなります。反対に新語が定着し、世代を越えて使いつづけられると、もはや若者語であるという意識はなくなり、「言語変化」になります。「サボる」のような語はかつては若者語だったのかもしれませんが、定着した今では若者語という意識はないでしょう。

　また、かつての若者語が使用世代の高齢化とともに50年後の老人語になるのは「コーホート語（同世代語）」であり、「マジで」「すごい」は「コーホート語（同世代語）」になるかもしれません。しかし、「マジで」「すごい」は今でも現役であり、ひょっとしたら「言語変化」になる可能性もあります。一方、キャンパス言葉のように、その大学に入学してきた新入生が学生のあいだだけ使い、かつのちの世代にも受け継がれるのは「若者世代語」となるわけです。

――――――――――――――――――――――――――――――――――――

［参考文献］
井上史雄（1994）『方言学の新地平』明治書院

第**3**章

若 者 略 語

「誰得」は誰も得しない

今日のテストの点数やばかった！ マジ抜き打ちテストとか**誰得**？ 需要ないから

うん？ 聞き捨てならない台詞が聞こえたな

ギクッ！ お父さん、今日研究所じゃなかったっけ？

あったが、早く帰ってこれたんだ。ところでさっきの言葉は？

えーっと、これにはマリアナ海溝より深い訳がありまして。というのも

「誰得」って何だ？！

ズコッ。そっち？

誰得以外に何かあるのか？

あ、よかった。誰得に気が向きすぎて、テストのこと聞き流してる ボソッ

何をコソコソしてるんだ？

おっほん！**「誰得」とは「それ誰の得になるの？ ならないよね」というもの**を指します。つまり、誰の得になるのか、需要があるのか分からないニッチなものです

なるほど。そういうことか。たとえば？

たとえば、お父さんの写真集とか。誰得？ってなるよね

ああ、すごく腑に落ちた

理解できたようで何よりです。じゃあ、部屋に戻るね

ちょっと待った！

ま、まだ何かあるの？

さっきは聞き流したが、今日返されたテスト見せなさい

聞いてたんだ……。私の悲惨なテストなんて、誰得……

「誰得」解説

　「誰得」は読んで字のごとく、**「誰が得するの？」「誰も得しないよね」の省略語**です。若い世代が省略語を使うのは、昔も今も変わりません。とくに文末で使われることが多く、「誰得なの？」「誰得だよ」などと、そんなことをしても誰も得しないという批判的な文脈で使われることが多いようです。

　「誰得」と短くすることで、新しい言葉を生みだす力が得られます。たとえば、**「誰得情報」**。「誰も得しない情報」という意味で、自分が発信する情報は大した情報ではないけれどもという控えめなニュアンスで使われます。

　「誰得」から生まれたとされる言葉に**「私得」**、さらには**「僕得」「俺得」**があります。自分だけが得する情報という意味で、「誰得」に由来するニュアンスが生きています。

お疲れの「おつ/乙」

無駄足 **おつー**

きー！　悔しい……！

「きー！」ってハンカチなんか噛んで、いつの時代の人よ

ひどくない？　誰か愛情を恵んでください

どうしたんだ？

あ、お父さん。今お姉が好きなグループのくじが売っててね。わざわざ雨の中、自転車飛ばして買いに行ったのに売り切れだったんだって。ガチで無駄足だったね。かわいそうに

それは、不運だったな

ひどいよね！　まさか売り切れるなんて

ひどいひどい。ところで、無駄足おつの「おつ」って何だ？　気になって仕方がない。よし、例文だ！

適当……、お父さんも冷たい人だった

 お疲れ様の「おつ」から来てるんじゃないかな？ ネットでは「乙」って書くよ。「電車乗り逃したの？ おつだわー」みたいな場面で使うかな。形式的には労わってるように見えないこともないけど、例文からも分かるように、**実際には憐れむと言うか、からかうと言うか**

 私、なぐさめじゃなくて、憐れみを受けていたの……？

「おつ」はよく分かった。しかし、そう考えると次女の姉にたいする発言は良くないな

 だって、お姉、くじの発売は1ヶ月前だったのに、ずっと忘れてたんだよ。ガチでアホじゃない？

それは……。確かに「おつ」だな

 ひどい！

お疲れの「おつ/乙」

 無駄足 **おつー**

 きー！ 悔しい……！

 「きー！」ってハンカチなんか噛んで、いつの時代の人よ

 ひどくない？ 誰か愛情を恵んでください

 どうしたんだ？

 あ、お父さん。今お姉が好きなグループのくじが売っててね。わざわざ雨の中、自転車飛ばして買いに行ったのに売り切れだったんだって。ガチで無駄足だったね。かわいそうに

 それは、不運だったな

 ひどいよね！ まさか売り切れるなんて

 ひどいひどい。ところで、無駄足おつの「おつ」って何だ？ 気になって仕方がない。よし、例文だ！

適当……、お父さんも冷たい人だった

お疲れ様の「おつ」から来てるんじゃないかな？　ネットでは「乙」って書くよ。「電車乗り逃したの？　おつだわー」みたいな場面で使うかな。形式的には労わってるように見えないこともないけど、例文からも分かるように、**実際には憐れむと言うか、からかうと言うか**

私、なぐさめじゃなくて、憐れみを受けていたの……？

「おつ」はよく分かった。しかし、そう考えると次女の姉にたいする発言は良くないな

だって、お姉、くじの発売は1ヶ月前だったのに、ずっと忘れてたんだよ。ガチでアホじゃない？

それは……。確かに「おつ」だな

ひどい！

「おつ」解説

　挨拶は毎日するものです。**毎日同じ挨拶を繰り返していると面倒くさくなり、次第に短くしたくなる**のが人間というものです。「おはようございます」は短く**「おはよっす」**で、「いってらっしゃい」は短く**「いってら」**で済まします。「ありがとうございます」は長いので短い**「あざっす」**で、長い「ごちそうさまです」は短い**「ごちっす」**で代用します。なかには、相撲の力士のように発音が楽な**「ごっつあんです」**で代用する人もいるかもしれません。

　そう考えると、「お疲れさまです」が**「おつ」**になるのは自然なことでしょう。ただ、**語形があまりにも短くなっているために、意味が軽く感じられます**。労をねぎらっている感覚に乏しかったり、口だけで中身が伴っていないように響くのは、この極端に短い語形が影響しているようです。漢字の「乙」も明らかな当て字であり、そのこともまた意味の軽さに影響を及ぼしているように見られます。

「マジレス」乙です

なんかおもしろそうな番組やってないかな〜っと。あ、これおもしろそう！ 卒業ソング特集だって

おっ、おもしろそうだな。卒業なんて何年前だったかなぁ

テレビ「♪ 黒板なんか書き写すより想い出を書き留めれば良かった〜」

この歌詞なんか刺さるなあ

でも、思い出ばかり書き留めていて、勉強しないのはどうかと思うぞ

マジレスだね……。何でもかんでも屁理屈つける小学生みたい

だが、勉強はないがしろにしてほしくないな

善処します……。それよりもお父さん、マジレスは分かるの？

まだ勉強の話をしていたのに、逸らしたな。まさに親の心、子知らずだなあ。……まあいいか、よし、例文だ！

はーい。「大喜利にマジレスするのは無作法である」 つまり、ウケを狙ったものに、本気の現実的な返答をしないで、ってことだよ

ずいぶん仰々しい例文だな。「**マジレス**」とは**本気の返事、つまり現実的な返答**、ということだな。さっきの例文は、軽い冗談なのに、現実的な返答をして水を差すということだろう？

その通り。会話の中ではよくツッコミで「マジレス」が見られるよ。あとは、YouTubeのコメント欄とかXで、冗談で言ったことにたいしてマジレスした人が煙たがられる、なんてことも日常茶飯事だよ

なるほど。**現実はわきまえつつも、冗談にさらりと乗って会話を弾ませることができる、そんな人にならなければいけない**んだな

うん、そうだね。でも、いちいちお父さんが突っかかってこないと、この本上手く進行できないんだけど

マジレスはやめなさい

「マジレス」解説

　「マジレス」は「まじめな反応（レスポンス）」ですので、本来は悪い意味ではないように思うのですが、**若い世代の文脈では批判的に使われます**。ネタとして言っているのに、まじめに返されるとうざいと感じるのでしょう。「マジレス」する人は年長者に多く、上から目線を伴うので、うっとうしいと思われるのかもしれません。**「マジレス乙」**、すなわち「マジレスお疲れさまです」と茶化してみたり、**「マジレス厨」**、すなわち「**マジレス中毒**」と小馬鹿にしたりすることも、ネット界隈ではしばしば見られる光景です。

　「マジ」は現状では「ガチ」にかなり置き換わっており、**「ガチレス」**も市民権を得つつありますが、「マジ」の単独使用に比べると、「マジレス」はまだまだ元気で、若い世代のあいだでも、「マジレス」は根強く使われているようです。

「イミフ」もまた意味不明

ドンマイ、そういうこともあるよ

いや、ないでしょ

どうかしたのか？

今日、お姉ちゃん（次女）がショッピングセンターで迷子のお呼び出しされたらしいの

なんでまた。しかも迷子？

みんなとはぐれちゃって、ウロウロしてたら受付のお姉さんに捕まったのよ

それでそれで？

そしたら「ここで待っててね」って言われてアナウンスされたの

完全に小さい子への対応だな。まあ、合流できて良かったじゃないか

でもそこはアナウンスするなら普通「お連れ様がお待ちです」じゃない？　なのに「迷子のお呼び出し」ってアナウンスされるなんて……。高校生なのに小学生に見えたのかな。ガチでイミフだわ

若く見えるってことだよ

複雑な気持ちだよ

小さい頃から何度も呼び出されてるもんね

自由人だからな。すぐにどこかへ行くんだよな。以前は警察のお世話になったし。ところで、「イミフ」って何だ？

警察のお世話って言い回し、誤解を招くからやめて。単に迷子のところを保護されただけだよ

すまんすまん

で、イミフは意味不明の略だよ。たいてい悪い意味で使われる。てか、お父さん他人ごとだと思ってない？

まあまあ。ところで、イミフか。今後のために例文を頼む！

次女に代わって私が説明して進ぜよう。「イミフ」って言うのは、**対象の言動や現象が理解できなかったり、意義は分かっていても、理解の及ばないものにたいして使う**よ。若干馬鹿にするニュアンスが入ったりもするかも

なるほど

例文を挙げるとすると、お姉ちゃんの寝起きの悪さ、マジイミフ。三度寝は当たり前だし

二度寝じゃなくて、三度寝？

そう。この前なんて寝ている間に足をつって叫んだのに、本人はまったく覚えてないんだよ

朝起きてきたら、「なんか足痛いんだけど」って言ってたあの日かあ

だって本当に覚えてないんだもん

「イミフ」解説

　「イミフ」は「意味不明」という意味ですが、**日本語の「意味」には大きく分けて三つの意味があります。**「意味」の一つ目の意味は、言葉の中身、内容という意味です。この場合の「イミフ」は**「あなたが何を話しているのか、難しくて理解できない」**という意味になります。「意味」の二つ目の意味は、言葉の含意、意図という意味です。この場合の「イミフ」は**「あなたがなぜそう言うのか、意図や脈絡が理解できない」**という意味になります。「意味」の三つ目の意味は、意義、価値という意味です。この場合の「イミフ」は**「あなたが話していることは、価値がない」**という意味になります。

　「イミフ」はこのように話されている文脈によってニュアンスが違ってきます。一つ目よりも二つ目、さらに三つ目のほうは相手に冷たく響き、人間関係を悪くするおそれがありますので、「イミフ」の使い方には注意が必要です。

「リアタイ」に生きるぜいたく

今晩は金ロー(金曜ロードショー)、**リアタイ**するぞ

リアタイ？

え、まさか知らないの？

リアタイ……リアタイ……リアルタイムの略だった気がする

そう、それ！

でもリアルタイム？ 生放送とは違うよな

リアタイは録画とか、あとから配信サイトで見るんじゃなくて、テレビで放送しているそのときに見ることだよ

いつも長女が深夜までがんばってるのに寝落ちして、朝絶叫しているのは、もしかしなくてもリアタイができなかったから？

そう！ そうなの、悲しみが深い

じゃあ、生放送はリアタイか？

定義的にはそうじゃない？

……あ、今8回表に2点入った！ よっしゃ！ 逆転だ！

野球このまま、見ていてもいいよ。まだ金ローまで1時間あるし

……3時間後

いや、まさか12回まで続いた挙句、12回裏で逆転負けとは

本当に悔しいよ……。って、あ

どうした？

金ローを見逃した！ リアタイするつもりで録画もしてないし、応援してるチームも負けるし……あぁ無情

それはおつ……。夜食にポテチでも食べて、深夜の罪の味で元気をチャージするか

「リアタイ」解説

「リアタイ」という語を初めて見たとき、「リタイア」かと思いました。「リアタイ」も「リタイア」も「する」を付けて使うからかもしれません。**「リアタイする」は「リアルタイム視聴する」**ことであり、**テレビ番組や動画のライブ配信を放映時間のとおりに視聴すること**を意味します。

　若い世代は時間の使い方に敏感で、**「タイパ」**、すなわち**「タイム・パフォーマンス」を重視**します。映画やドラマを倍速で見たり、短い曲でもイントロをスキップしたりするという、制作サイドからすると、ある種の暴挙に出ます。

　古い世代から見ると、世界に没入できないのは、かえって時間がもったいない気もするのですが、タイムラインに沿って押し寄せてくる情報と戦う世代にとっては、周囲の話題についていくための仕方のない行動なのかもしれません。

推しの「ファンサ」もほどほどに

今日ライブ行ってきたよ。しかも**ファンサ**もらったの！推しのサインボールをキャッチできたの

えっ、ガチで？ よかったじゃん

ファウルボールをキャッチしたみたいなものか

違う違う！

ホームランボールをキャッチしたと表現するのが正しいね！

そ、そうか……。ところでファンサとは？

ファンサービスの略。アイドルとかがライブ中にファンにたいしてするサービスのことだよ

必ずしもライブ中とは限らないけどね。目が合ってウインクされたとか、手振ってもらったとか、名前呼んでもらったとかね

ファンにたいしてアイドル、推しが何かしてくれるということか？

 それだけじゃなく、グループのメンバー同士がわちゃわちゃ戯れたりするのを見て、ファンサだと思ったり、幅は広いよ

 お父さんにもファンがいれば、ファンサできるよ！

じゃあ今度ファンの人に会ったら、ウインクしちゃおうかな♬

 ……

「ファンサ」解説

　若い世代の言葉は外来語の略語が豊富です。外来語に略語が多いのは今も昔も変わりません。ただ、**若い世代の略し方が旧世代と異なるので、理解困難になることがあります。「リアタイ」**が「リアルタイム」、**「アクスタ」**が「アクリル・スタンド」なのは2文字ずつなので何とかついていけるのですが、**「ファンサ」「ペンラ」「エゴサ」「パリピ」**のように、「サ」で「サービス」、「ラ」で「ライト」、「サ」で「サーチ」、「ピ」で「ピープル」をイメージするのは、**1文字からの連想なので、直感を働かせにくく感じます。**

　「バ先」が「バイト先」となるのは、旧世代にとってはもはや**「無理ゲー」**、すなわちクリアが無理なゲームのようなもので、ついていくことは不可能です。

食欲をそそる恐怖の「飯テロ」

夕飯後、テレビ前にて

お、期間限定でラーメンフェアが開催だって

 えっ、行きたい！

リポーター：
「麺は太麺でもちもち、黄金のスープはほんのりと海鮮の香りがすごい！」

うまそうだな

 このリポーター解説下手だ……。「ほんのり」と「すごい」が共存してるし

 こんな時間にラーメンの実況なんて**飯テロ**だよー！ 私も食べたい！

 私の意見はスルー？

飯テロ？ 知らない言葉だな。よし、例文だ！

 えー、お腹が空いてるから例文なんて無理

よし、じゃあ、この後は深夜営業をしているラーメン屋に連れて行ってやるから

 ほんとに？ じゃあがんばる！ たとえば、私のダイエット中に、目の前で見せつけるように、甘くて冷たくて大きないちご味のアイスを優雅に食べられたら、自分も食べたくならない？ これが飯テロだよ

アイスはだいたい甘くて冷たいと思うが……。つまり、**自分が食べられないのに、おいしい食事を見せつけられること**が飯テロか

 だいたいそんな感じかな。明確な縛りはないけども、**とくに深夜においしそうな高カロリーの物を見せられること**が飯テロらしいよ。しかも、今はネットとかYouTubeが身近だから、すぐに飯テロが流れてくるよ

昔は他人の家のご飯事情とか気にしなかったなあ。今の時代に合わせて生まれた新しい文化だな

 ……よし、話も終わったし、ラーメンに行こう！

 みんなにスルーされた私にも頂戴

またお金がなくなる。お財布テロだトホホ

食欲をそそる恐怖の「飯テロ」

夕飯後、テレビ前にて

お、期間限定でラーメンフェアが開催だって

えっ、行きたい！

リポーター：
「麺は太麺でもちもち、黄金のスープはほんのりと海鮮の香りがすごい！」

うまそうだな

このリポーター解説下手だ……。「ほんのり」と「すごい」が共存してるし

こんな時間にラーメンの実況なんて**飯テロ**だよー！ 私も食べたい！

私の意見はスルー？

飯テロ？ 知らない言葉だな。よし、例文だ！

えー、お腹が空いてるから例文なんて無理

よし、じゃあ、この後は深夜営業をしているラーメン屋に連れて行ってやるから

ほんとに？ じゃあがんばる！ たとえば、私のダイエット中に、目の前で見せつけるように、甘くて冷たくて大きないちご味のアイスを優雅に食べられたら、自分も食べたくならない？ これが飯テロだよ

アイスはだいたい甘くて冷たいと思うが……。つまり、**自分が食べられないのに、おいしい食事を見せつけられること**が飯テロか

だいたいそんな感じかな。明確な縛りはないけれども、**とくに深夜においしそうな高カロリーの物を見せられること**が飯テロらしいよ。しかも、今はネットとかYouTubeが身近だから、すぐに飯テロが流れてくるよ

昔は他人の家のご飯事情とか気にしなかったなあ。今の時代に合わせて生まれた新しい文化だな

……よし、話も終わったし、ラーメンに行こう！

みんなにスルーされた私にも頂戴

またお金がなくなる。お財布テロだ

「飯テロ」解説

　世界各地で頻発する暴力的なテロ事件。テレビでそうしたニュースを見ると気が滅入りますが、**空腹時においしい料理の写真が目に飛びこんでくる「飯テロ」**は歓迎です。「テロ」は「テロリズム」の略で、暴力的な過激さを伴う表現ですが、「飯テロ」の場合、本能に直接働きかけて抵抗できなくするという意味合いでしょう。お酒好きの人には**「酒テロ」**が効果的なようですし、深夜の時間帯に食欲をそそる画像を投稿する**「夜食テロ」**も有力です。

　ただし、食べ物を使った「テロ」でも、やや暴力的なのが臭いの強い食べ物。焼き肉屋帰りの**「にんにくテロ」**やモーニングの定番の**「納豆テロ」**、さらには**「キムチテロ」**や**「ドリアンテロ」**なども危険とされています。私たちの食卓が多国籍化するのにともない「飯テロ」もまた多国籍化しています。

コラム3

代々続くキャンパス言葉

　ロイター板。今日、小学生の娘の口から出た言葉がとっさにわかりませんでした。頭のなかにはロイター通信がかすめましたが、跳び箱のまえの踏み切り板だと思い至りました。昇降口、下駄箱、ピロティ、踊り場、雲梯、百葉箱、防災頭巾、めあて、日直など、小学校は懐かしい言葉の宝箱で、昔も今も変わらぬ言葉を残しています。毎年4月に入学する小学生はそうした言葉の世界に6年間どっぷり浸かり、卒業するとともにそうした言葉を忘れていきます。

　社会言語学者の井上史雄氏が「若者世代語」と名づけたものは、若い世代がその場にいるあいだは使い、その場を離れると忘れていく言葉のことです。上記の小学生で今も生きつづける言葉の数々もそうでしょうが、一般的には大学のキャンパスで使われるキャンパス言葉がその典型とされます。たとえば、一橋大学では「チョンボ」という言葉が伝統的に使われています。楽に単位が取れる授業のことで、授業に使われている点が独特です。「どチョン」というのはいわゆる楽勝科目のことで、私がかつて現代日本語論という講義を一橋大学で担当していたとき、授業前にたまたまそばを通りがかった学生が「石黒の現代日本語論、どチョンでさあ」と元気に話していました。講義のなかで早速その話を紹介したら、受講生は大爆笑でしたが、そのなかにきっと一人、青い顔をしていた学生がいたはずです。

　なぜ一橋大学では、こうした特有のジャーゴン（仲間うちでのみ通じる専門用語）が継承されるのでしょうか。その秘密は、新入生歓迎会のときに新入生にアドバイスをするオリター（オリエンテーション・コンダクターの略）

の存在があります。一橋大学では、キャンパスライフの過ごし方を新入生に指南する上級生が新入生歓迎会のときに付き添う伝統があり、そこで楽に取れる授業の紹介をするからです。このオリターという言葉もまた若者世代語と言えるでしょう。

　インターネットでキャンパス言葉を調べてみると、全国の大学にキャンパス言葉辞典のたぐいが存在することがわかります。たとえば、一橋大学のキャンパス言葉は、原田幸一（2013）（「一橋大学キャンパスことば調査」『一橋大学国際教育センター紀要』4. PP.109-121）にまとめられています。原田幸一氏は私の研究室の大学院生だった方で、彼が2013年当時の状況を丁寧に調査していたことを思い出します。調査結果をみると、私自身が一橋大学に在学していた1989年から1993年までとさほど変わっておらず、「上クラ」（同じクラスにいる先輩）、「オナクラ」（同じクラスの人）、「クラ語」（クラスで共通して履修する語学）、「クラコン」（クラスのコンパ）、「クラチャン」（1年次に一橋大学戸田艇庫で開催されるクラスチャンピオンシップというクラス対抗のボート大会）、「クラT」（クラスで作るおそろいのTシャツ）など、クラス関連の言葉が目立ちます。一橋大学はクラスのつながりが、少なくとも1年生のあいだは深く、そうした伝統が受け継がれていることが、キャンパス言葉の実態から垣間見えます。

［参考文献］
中東靖恵（1998）｜現代キャンパスことば辞典　岡山大学編』吉備人出版

第4章

若者形容詞

「やばい」だけでサバイバル

 ただいま

 お帰り。遅かったね。どこ行ってたん？

 川沿いを散歩してきたの

 川沿い？　4時間も友達と？

 5人くらいで。そのあと公園まで歩いていったよ

 すごいというか、やばいね。ハイキングじゃん

 この前は高校まで歩いて行ったし

 電車使って行く距離を？　やばっ

 その前は多摩川の源流をたどりに奥多摩まで行ったし

 やばすぎ

ちょっと待った！

あれ、お父さん

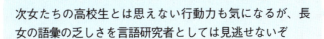

次女たちの高校生とは思えない行動力も気になるが、長女の語彙の乏しさを言語研究者としては見逃せないぞ

お金掛からないし、人混みも避けられるからお得だよ

プライスレスな経験はできそうだけど、女子校生とは思えないね。てか、今の子の会話なんて、「マジ」と「やばい」があれば成り立つよ

さすがにそれはないだろう

相槌だけでよければできるよ。なにかお題ちょうだい

じゃあ、学校

今日眠すぎて、授業6時間中、3時間寝てたんだけど

マジ？ やっば

確かに成り立ってはいるな。好きな食べ物ならどうだ？

私おばあちゃんの作るポテトサラダが好き

わかるわかる。あれ**やばいよね**。お袋の味ってヤツ？

今のは、やばい以外も言ってないか？

「やばい」がちゃんと入ってるからありだよ

だいたい女子は愚痴か、かわいいものか、おもしろい動画見てるだけなんだから、「マジ」と「やばい」があれば事足りるの。そもそも好きな食べ物なんて普通聞かないでしょ？

偏見がすごい

あ、そういえばお姉の好きなアニメのコラボカフェやるらしいよ

え、マジ？！　やばいやばい、めっちゃうれしい！　絶対行く！

こうやって語彙は失われていくんだな……

気持ちまで「だるい」とき

明日体育祭の予行練習、**だるい**な。ガチで休もっかな

ええ？ せっかくの体育祭なんだから楽しみなよ

ちょっとちょっと。本人がだるいって言ってるんだから、休ませてあげるのも大事だぞ

お父さん次女に甘くない？ 単にサボりたいだけだよ？

だるいって調子が悪いんじゃないのか？

違う、違う。**だるいって精神的な意味**だよ。**気が乗らないな、やりたくないなってこと**

へー、そんな使い方するんだな

「勉強、だるいなー」は「勉強、かったるいなー」だよ

2人が話している間にこそこそと逃げる次女

あ、こら。ちゃんと学校行きなさい！

「 だ る い 」 解 説

「痛い」というのは、ずきずき、がんがん、ちくちくといった、身体の異常を知らせる刺激を受けたときの感覚です。頭痛や腹痛を経験したことがない人はいないでしょう。痛みを感じるのはつらいものです。その**「痛い」が人間の身体を修飾せず、他のものを修飾する**こともあります。たとえば、私が10代男子のように学ランを着て歩いていたら、「痛い格好」でしょうし、10代男子のような言葉遣いで話していたら「痛い話し方」でしょう。このように年配の人が無理に若作りをすると、「痛々しい」、略して**「痛い」**ことになります。

「寒い」というのも、冬の早朝、外出したときなどに、低い気温を感じる皮膚感覚のはずですが、つまらないことを表す「寒いギャグ」のような言い方があります。いわゆる「親父ギャグ」は寒いものです。この寒さは、**鳥肌が立つような、中身のない寒々しさに由来する**ものかもしれません。「寒い」に「お」をつけた「お寒い」という言葉で貧弱な様子を表すこともあります。「お寒い内容」「お寒い現状」「お寒い行政」などがそれに当たります。

最近では、『ざんねんないきもの事典』のような**「残念な」**も広がっています。形容詞にしても、形容動詞にしても、世代によって本来の意味から拡大した意味で使うことがあります。**「だるい」が身体のしんどさだけでなく、心理的なやる気のなさを示す**ようになっているのも同様の例と見ることができるでしょう。

「強い」と人目が気にならない

 お姉ちゃん、眠そうだね。どうしたの？

 今二徹目なの。このあと部活も行くよ

 それは強いね

 でも眠すぎて辛いよ。ガチで死にそう

 強い？ 何が強いんだ？

 わっ、出た

 お父さんはお化けか何かか？

 お父さん、どうしたの？

 今、聞き慣れない言葉が出てきたから気になって

 「強い」のこと？

わけの分からない文脈で出てきたから若者言葉なんだろう？ よし、解説を！

 今のはお姉ちゃんが二日も徹夜した後に、これから部活にまで行くというからすごいな、と思って「強い」って言ったんだよ

つまり**「強い」と「すごい」はイコール**ということか？

 この場合はそう。「パワフル」じゃないよ

なるほど。他には？

 たとえば「6回連続で宝くじに当たるのは強い」とか。他にも「人前で堂々とおならできるなんて強い」「全財産100円は強い」なんてものも考えつくよ

最初はともかくあとの二つは「すごい」という意味でいいのか？

 …むしろあきれや皮肉だね。ふぁあ。眠い

 感心する時も、引くときも使えるから便利だね

「やばい」の解説

　今の50代が若いころ、形容詞の基本は「すごい」でした。何でも「すごい」、正確には「すげえ」と言っていれば会話は盛りあがりました。「やばい」もありましたが、「明日は定期試験なのに、まったく勉強してないよ。やばい」のように、**危機的状況に陥っているときに使うだけで、ネガティブな意味**でした。

　それがある段階で、**「やばい」が「ありえないぐらいすごい」の意味に変わります**。レアな状況であれば、危機的な状況でなくても使えるように意味変化を起こし、「二郎系のラーメン、量もやばいし、味もやばい」のように表現されるようになりました。

　さらに、そうした「やばい」の強いインパクトが好まれ、多用されるようになると、「やばい」の意味が薄まり、ちょっとした状況でも「やばい」が連呼されるようになります。**「やばい」のインパクトがすり減ってきた**わけです。これが**「やばい」の第三期**になります。では、「やばい」の第四期はどうなるのでしょうか。それは、次の「えぐい」で見ていくことにします。

「やばい」から「えぐい」へ

姉妹でスマホを見ている

うわ、**えっぐ**……

本当だ。すごすぎ

何がえぐいんだ？

お父さん、この動画見てよ。この選手さっきから2打席連続でホームラン打ってるの。しかも2打席目はバックスクリーン直撃の弾丸ホームラン。推定飛距離、130メートルだってさ

それはすごいな。それを「**えぐい**」って言うのか？

うん、言うよ

ああ、「やばい」と同じでいい意味もあるんだな。お父さんは、「えぐい」っていうと悪いイメージが先行するんだが

そうだね。確かに単純なほめ言葉だけではないけどね。**「えぐい」は私的には「やばい」の一段階上を行く**と思ってるよ

うちは若干引くくらいの神業とか見せられると「えぐい」って感じる

たとえば？

大谷翔平の活躍ぶり！

確かにえぐい……

「えぐい」の解説

「**えぐい**」という語は、山菜などを食べたときの独特の苦みのことを指す言葉です。あくが強く、口のなかに不快感がまとわりついて消えない感じです。「えぐい」は、もともとよい意味ではなかったはずですが、その**インパクトの強さから現在では「ありえないほどすごい」という意味で使われ、**「やばい」のインパクトが薄まるなかで**「やばい」に取って代わりつつあります。**

　強調を表す形容詞の用法は世代とともに変遷します。ぞっとするという意味だった「すごい」、危機的な状況にあることを表す「やばい」、強い不快感を表す「えぐい」、**いずれも否定的な意味から始まります（第一期）、**それが肯定的な意味に拡張を起こし、程度の甚だしいレアなケースにたいし、**強いインパクトを表すようになります（第二期）。**「えぐい」はその時期に達しているように思われます。そして、インパクトがあれば、**どのような事象でも、適用できるようになります（第三期）。**これが「やばい」の段階です。そして、意味の希薄化を起こし、**世代を越えて安定的に使われる段階に達します（第四期）。**「すごい」はこの段階に達していると言えそうです。その後は安定した使用が続くかもしれませんし、他の形容詞の台頭による衰退や消滅が待ち受けている可能性もありそうです。

気持ちまで「だるい」とき

 明日体育祭の予行練習、**だるい**な。ガチで休もっかな

 ええ？ せっかくの体育祭なんだから楽しみなよ

ちょっとちょっと。本人がだるいって言ってるんだから、休ませてあげるのも大事だぞ

 お父さん次女に甘くない？ 単にサボりたいだけだよ？

だるいって調子が悪いんじゃないのか？

 違う、違う。**だるいって精神的な意味**だよ。**気が乗らないな、やりたくないなってこと**

へー、そんな使い方するんだな

 「勉強、だるいなー」は「勉強、かったるいなー」だよ

2人が話している間にこそこそと逃げる次女

あ、こら。ちゃんと学校行きなさい！

「 だ る い 」 解 説

「痛い」というのは、ずきずき、がんがん、ちくちくといった、身体の異常を知らせる刺激を受けたときの感覚です。頭痛や腹痛を経験したことがない人はいないでしょう。痛みを感じるのはつらいものです。その**「痛い」が人間の身体を修飾せず、他のものを修飾する**こともあります。たとえば、私が10代男子のように学ランを着て歩いていたら、「痛い格好」でしょうし、10代男子のような言葉遣いで話していたら「痛い話し方」でしょう。このように年配の人が無理に若作りをすると、「痛々しい」、略して**「痛い」**ことになります。

「寒い」というのも、冬の早朝、外出したときなどに、低い気温を感じる皮膚感覚のはずですが、つまらないことを表す「寒いギャグ」のような言い方があります。いわゆる「親父ギャグ」は寒いものです。この寒さは、**鳥肌が立つような、中身のない寒々しさに由来する**ものかもしれません。「寒い」に「お」をつけた「お寒い」という言葉で貧弱な様子を表すこともあります。「お寒い内容」「お寒い現状」「お寒い行政」などがそれに当たります。

最近では、『ざんねんないきもの事典』のような**「残念な」**も広がっています。形容詞にしても、形容動詞にしても、世代によって本来の意味から拡大した意味で使うことがあります。**「だるい」が身体のしんどさだけでなく、心理的なやる気のなさを示す**ようになっているのも同様の例と見ることができるでしょう。

「強い」と人目が気にならない

 お姉ちゃん、眠そうだね。どうしたの?

 今二徹目なの。このあと部活も行くよ

 それは**強い**ね

 でも眠すぎて辛いよ。ガチで死にそう

 強い? 何が強いんだ?

 わっ、出た

 お父さんはお化けか何かか?

 お父さん、どうしたの?

 今、聞き慣れない言葉が出てきたから気になって

 「強い」のこと?

わけの分からない文脈で出てきたから若者言葉なんだろう？ よし、解説を！

今のはお姉ちゃんが二日も徹夜した後に、これから部活にまで行くというからすごいな、と思って「強い」って言ったんだよ

つまり**「強い」と「すごい」はイコール**ということか？

この場合はそう。「パワフル」じゃないよ

なるほど。他には？

たとえば「6回連続で宝くじに当たるのは強い」とか。他にも「人前で堂々とおならできるなんて強い」「全財産100円は強い」なんてものも考えつくよ

最初はともかくあとの二つは「すごい」という意味でいいのか？

…むしろあきれや皮肉だね。ふぁあ。眠い

感心する時も、引くときも使えるから便利だね

とても勉強になったよ。まるで「やばい」みたいだな。三女、子どものうちからそんなにいろいろ知っているのは強いな。さすが、言語学者の娘。あと徹夜はすごくないからな。無理をしないように

 ほめられた！

 怒られた……

 てか、お姉ちゃん今にも寝そうだけど部活大丈夫？

 大丈夫。テスト一日前の学生のお供、エナドリとコーヒーの二刀流で行くから

 そのコンビはガチで強い……

「 強 い 」 の 解 説

　形容詞は意味が広がりやすい品詞で、とくに基本的な形容詞で意味拡張は起こります。「強い」もその例外ではありません。「強い」と言うと、「ケンカが強い」「サッカーが強い」のように典型的には「力」でしょう。そこから「身体が強い」「衝撃に強い」などの**「丈夫」という意味が派生**します。また、「強い」と「負けない」わけですから、「メンタルが強い」「大阪のおばちゃんは強い」など**屈しない精神力などに発展**します。「強い」ことは同時に「他に勝る」ので、「ミッション系の学校は英語が強い」「外食産業ではラーメンが強い」のように言うこともできます。

　とくに、若い世代が好んで使うのは、**好きな対象に使う場合**でしょうか。「推しは強い」「イケメンは強い」のような「最強」でも言い換えられそうな例がそうです。また、周囲の影響を受けやすい若い世代にとって、「18歳で結婚は強い」「女1人でラーメン屋は強い」など、周囲と異なる姿勢を貫ける意志の固さ、**ぶれない強さ**にも「強い」は使われます。それが進むと、「今どきスマホなしでいられるのは強い」「1ヶ月の食費1万円は強い」といった**逆境にたいする強さ**や、「天然は強い」「オタクは強い」のように、周囲の目が気にならない**無感覚の強さ**にも「強い」が適用されそうです。**「強い」に限らず、若い世代は形容詞を心理面に使う傾向**が強く感じられます。

外は寒くても心は「アツい」

せっかくの祝日だし、今日はみんなで川に行ってバーベキューでもしようか

 お、**アツ**いね〜

アツい？ もう秋だし、暑いというより寒いと思うが

 そっちの暑いではなくて気持ちのアツいね

気持ち？ 今一つピンとこないな。よし、例文を！

 「今年はオリンピックだからサッカーがアツい」とか「今期のクールはおもしろそうなドラマがたくさんあってアツい」とか。**気持ちが乗っている、ワクワクして熱狂しているイメージ**だね

なるほど。確かにスポーツだとよく聞くな

 他にも「**激アツ**」や「**胸アツ**」とかがあって、「激アツ」はスポーツのゲーム展開が劇的なときに、「胸アツ」は無名の推しの確かな成長を見届けたときに使いそうだね

お父さんは、長女が無事に単位を取って進級してくれて胸アツだよ

1科目でも単位落としたら即留年という逆境からのフル単はマジでアツかった！ 単位くれた先生に本当に感謝！

半分冗談で言ったのに……。そこまでの危機的状況だったとは聞いてないが？

やべ、逃げよ

「アツい」の解説

　温度に関わる形容詞「冷たい」「寒い」「涼しい」「温かい」も日常生活でよく使われ、多義的になりがちです。「冷たい態度」「寒いギャグ」「涼しい顔」「温かいもてなし」などを見ればすぐにわかるでしょう。

　「アツい」もまた多義語です。私のような古い世代が若かった時代は「アツい」は男女関係によく使われ、クラスで男女が仲よさそうにしていると、「おアツいねえ、ヒューヒュー」などと言われたものです。

　現在、よく使われている「アツい」は、**気持ちの熱量を表す「アツい」**であり、「おアツい二人」よりも品のよい使い方です。気持ちが熱いというと、「熱いハート」「日本一熱い男」など、人間の熱さを想像されるかもしれませんが、調べてみると、**現場の盛りあがりを示す例が多い**ことがわかります。「前売り券買いに来たら長い行列ができててアツい」「映画公開に合わせたコラボカフェのオープンがアツい」「エスコンは野球の試合も野外ライブもアツい」といった**雰囲気の熱さ**です。人の気持ちに使う場合も、**心の盛りあがりに適用**し、「NHKの連ドラの共演陣がアツい」「寸志だけど、ボーナス出たのはアツい」などと使われます。

読者のみなさん「メタい」の意味わかります？

 メタバースって最近流行っているよな。知ってるか？

 もちろん。私の専攻と近いからね

 今のは**メタ発言**だね

 メタ発言？

 メタ発言は外から見たというメタの意味通りで、**作中で読者側の世界、つまり現実の事情について言及すること**だよ

 ということは？

 ということは、たとえばキャラクターが作中で「どうせ作者が〜」とか言ったり、テレビで「来週こそは捕まえてやる！」って発言がメタ発言だよ。

 ちなみにテレビで昔よく見た「テレビを見るときは部屋を明るくしてテレビから離れて見てね」って言うキャラクターのセリフも**メタい**らしいね

メタ発言だけでなく、メタいとも言うんだな

そうだね。「あの発言メタい」とか

ところで、説明が大雑把すぎじゃないか？

ここは、お父さんに詳しく書いてもらうから大丈夫

分かった。これがメタいってことか

本書では、実はちょくちょくメタ発言が登場してるから気をつけて見てみてね

今のもメタいね

「メタい」解説

「メタ発言」とは「メタフィクション発言」のことです。アニメ・映画・小説などのフィクションにおいて、**作品世界のなかの登場人物が、作品を作る作り手側の事情に言及したり、作品を見ている受け手に語りかけてくる発言**です。アニメで登場人物が「続きはまた来週！」と言ったり、映画で「予算の都合か」と突っこんだり、推理小説で「読者諸君は犯人がわかっただろうか」などと語りかけたりするのが「メタ発言」です。そうした登場人物を形容するときに**「メタい」**が使われます。

　また、「メタい」を発展させた**「メタメタしい」**もあります。「メタメタしい」はもともとはヘビーメタルの用語らしく、「メタメタしい演奏」「メタメタしいアルバム」などと使われていましたが、「メタい」から派生した「メタメタしい」もあり、「メタメタしい発言」「メタメタしい動画」「メタメタしいアドリブ」などと使われます。

　似た言葉に**「メカメカしい」**もあり、こちらはかなり市民権を得ています。機械らしい無骨さが前面に出たデザインに使われる傾向があり、たとえば、機動戦士ガンダムにメカメカしさを感じる人は少なくないでしょう。また、飛行機のコックピットはメカメカしい場所ですし、発電所を見学した人もメカメカしさを感じるかもしれません。「荒々しい」「痛々しい」「初々しい」のように繰り返しに「しい」をつけると形容詞ができますが、「メタメタしい」や「メカメカしい」にもそうした法則が働いています。

メタ発言だけでなく、メタいとも言うんだな

そうだね。「あの発言メタい」とか

ところで、説明が大雑把すぎじゃないか？

ここは、お父さんに詳しく書いてもらうから大丈夫

分かった。これがメタいってことか

本書では、実はちょくちょくメタ発言が登場してるから気をつけて見てみてね

今のもメタいね

「メタい」解説

「メタ発言」とは「メタフィクション発言」のことです。アニメ・映画・小説などのフィクションにおいて、**作品世界のなかの登場人物が、作品を作る作り手側の事情に言及したり、作品を見ている受け手に語りかけてくる発言**です。アニメで登場人物が「続きはまた来週！」と言ったり、映画で「予算の都合か」と突っこんだり、推理小説で「読者諸君は犯人がわかっただろうか」などと語りかけたりするのが「メタ発言」です。そうした登場人物を形容するときに**「メタい」**が使われます。

また、「メタい」を発展させた**「メタメタしい」**もあります。「メタメタしい」はもともとはヘビーメタルの用語らしく、「メタメタしい演奏」「メタメタしいアルバム」などと使われていましたが、「メタい」から派生した「メタメタしい」もあり、「メタメタしい発言」「メタメタしい動画」「メタメタしいアドリブ」などと使われます。

似た言葉に**「メカメカしい」**もあり、こちらはかなり市民権を得ています。機械らしい無骨さが前面に出たデザインに使われる傾向があり、たとえば、機動戦士ガンダムにメカメカしさを感じる人は少なくないでしょう。また、飛行機のコックピットはメカメカしい場所ですし、発電所を見学した人もメカメカしさを感じるかもしれません。「荒々しい」「痛々しい」「初々しい」のように繰り返しに「しい」をつけると形容詞ができますが、「メタメタしい」や「メカメカしい」にもそうした法則が働いています。

しみじみと「エモい」

このキーホルダー見て見て

メロンソーダのキーホルダーだ！ ガチかわいい

いいでしょ！ **エモい**っしょ

ちょっと待った！

また出た

今度はきっと「エモい」だよ

よくわかったな。そこで質問だ。「エモい」とはどういう意味なんだ？

エモーショナルが由来のスラング。**切ないときとか、懐かしいときとか、何とも表現しづらいときに使う**よ

言葉が出てきそうで出てこなくて、喉がつっかえてる状態とか？

いやそれは違うかな。なんというか、センチメンタルとかが印象としては近いんじゃないかな

ちょっと前に昭和レトロブームが来たじゃん

いつの間に

その時によく聞かれた言葉だよ。昭和時代をしみじみ懐かしむお父さんにはピッタリの言葉だと思うけど、当時使わなかったの？

いやまったく

当時も時代についていけなかったんだね

そこ、うるさいぞ

「エモい」の解説

　日本語にもともとある形容詞（イ形容詞）は、「古い」のように「い」が付くか（古典のク活用）、「新しい」のように「しい」が付くか（古典のシク活用）ですが、中国から渡ってきた漢語、英語を中心とした外来語は、「健康な」「親切な」や「キュートな」「ソフトな」のように「な」が付く形容動詞（ナ形容詞）になるのが一般的です。

　ところが、**外来語であってもごく一部に「い」の付くものがあります。**「**ナウい**」「**エロい**」「**グロい**」です。実際にはこの3語以外めぼしいものはなかったので、外来語に「い」を付けるパターンは勢いがなかったのですが、ここへ来て、すでに紹介した「**メタい**」、英語のchill outに由来する「**チルい**」（リラックスした、まったりとした）、そして、英語のemotionalに由来する「**エモい**」が出てきて、少しだけですが、勢いを取り戻しつつあるようです。

　「エモい」は特定の感情に使われるわけではなく、**心揺さぶられる感情に広く使う**ことができます。「小田急線本厚木駅の駅メロ、いきものがかりのYELLでエモい（ちなみに海老名駅はSAKURA）」のような感じです。用例を見ていると、どきどき・わくわくにも使われますが、懐かしさで胸がいっぱいになるときによく使われ、古典の「あわれ」に通底する、**ノスタルジックなしみじみとした感情**に近い印象です。

気まずさを生む「気まずっ」

 最近「気まずい」って言葉をよく聞くんだけど

 気まずい？

 よく使うのはいわゆる、スカート丈をギリギリまで攻めて、お化粧して、トイレの前の鏡でたむろってるような子なんだけど

 これは、あくまで長女の偏見です

 ちょっと何かあると「**気まずっ**」って言うんだよね

 たとえば？

 会話してて話がちょっと止まったら「気まずっ」とか、そんなので気まずくなる？ 大げさじゃない？

 さあ。それは人それぞれじゃないのか？

 私が分析するに、「気まずっ」って、**気まずい場面での緩衝材的な役割**なんだろうね。会話に沈黙が流れても、「気

まずっ」って言うことでみんなが笑って、**場の空気を一旦リセットしている**んだと思うよ

なるほど、その発想はなかったな

これ、別に身内がいるときだけで使うならいいんだけど、輪に関係のない人がいるときに使うと辛いよ

たとえば？

トイレの鏡の前でその子たちがしゃべってて、関係ない子が出てきて目が合ったときとか。その子たちは「気まずっ」って言って笑うからいいけど、言われた方はマジで気まずいんだよ

「気まずい」という言葉は心の中の声だからなあ。それをただ漏れさせると、傷つく人はきっといるだろうね。場を和ませる言葉は難しいなあ

「気まずっ」の解説

　気まずさは、日本社会に昔からある感覚です。狭い島国に高い人口密度で住んでいるせいでしょうか、できるだけお互いのテリトリーを侵さないよう、遠慮しながら暮らしてきた民族です。通勤電車のなかでもできるだけ人と目が合わないようにし、うっかり目が合ってしまうと「気まずい」と感じます。とくに、そうした通勤客の群れのなかに会社の同僚がいるとお互いに気づかないふりをし、気づいていることがわかると、お互いに「気まずい」が倍増し、白々しい挨拶を交わします。

　友人と同じ服を着てきてしまって「気まずっ」、久々に中学時代の異性と話して「気まずっ」、クラスで先生になぜかほめられて「気まずっ」。**若い世代の生活にも気まずさはあふれています。**

　そして、本文の会話にもあるように、会話のなかで何かあると、たいして気まずくなくても「気まずっ」を連発するようになっています。その背景にあるのは、**沈黙にたいする気まずさ**。友達同士で話していて一番怖いのは沈黙です。ほんとうに親しい者同士であれば、沈黙さえ自然になるのですが、そこまでの関係にない場合、つねに盛りあがっていなければいけない感覚に囚われ、不意に訪れる沈黙に「気まずっ」とツッコミを入れて、沈黙を緩和する必要があります。年配者の立場から見て、**若い世代のコミュニケーションは制約が多くて気を遣わなければならず、案外しんどい**ものに感じます。

コラム4

気づかない新語

　コラム2で見た井上史雄氏の分類に「言語変化」というものがありました。若者言葉として使われてきたものが世代を越えて定着し、頻繁に使われることで当たり前の日常語となり、若者言葉という出自さえ忘れられていく言葉です。コラム2ではそうした言語変化の例として「サボる」という語を挙げました。「サボる」の「サボ」は「サボタージュ」というフランス語に由来しますが、もはや日本語感覚で使われています。同様に、大学で広く使われていた演習形式の授業を指す「ゼミ」もまた「ゼミナール」というドイツ語に由来しますが、大学という枠を越えて一般に定着した言語変化の例と見ることができるでしょう。

　日本社会は時代の流行だけでなく、言葉の流行にも敏感で、新語・流行語大賞というイベントが毎年開かれています。そこにノミネートされる語は、当時の時代性を反映したものが多いのが特徴です。そのため、井上史雄氏の言う「一時的流行語」であることが多く、過去の新語・流行語大賞のリストを見ると、今では使われなくなった死語が並んでいることに気づかされます。流行語から言語変化を起こし、一般に定着する語は少ないようです。

　では、どのような語が言語変化を起こし、世代を越えて定着するのでしょうか。私が言語変化を起こした語としてまず思い浮かぶものは「真逆」です。私自身の学生時代に「真逆」という言葉を聞いた記憶はなく、「正反対」という言葉が使われていました。ところが、世紀が変わるころ、若い世代が「真逆」という言葉を使っていることに気づき、当時、違和感を抱

いたことを憶えています。そんな言葉が定着するわけがないと考えていた私の予想とは裏腹に「真逆」という言葉は世代を越えた広がりを見せ、今では日常語になりました。「真反対」という言葉も一時期使われていたように思いますが、どこかの段階で淘汰され、「真逆」に一本化されていきました。「真逆」は語形から考えて、あまり目立たず、若者言葉っぽくも新語っぽくもない言葉ですが、だからこそ、言語変化が水面下で進行し、自然に定着したものと思われます。

　語彙研究者の橋本行洋氏は、こうした「気づかない新語」研究の先駆者で、「夜ご飯」「食感」「目線」など、数々の「気づかない新語」を掘り起こし、分析しています。「夜ご飯」という語を例に取ると、たしかに以前は「夜ご飯」は存在せず、「晩ご飯」という言葉が使われていました。「朝─昼─晩」という組み合わせのなかで、「朝ご飯」「昼ご飯」「晩ご飯」だったわけです。しかし、その組み合わせが「朝─昼─夜」に変わったことで、「晩ご飯」もまたひっそりと「夜ご飯」に変わっていったのでしょう。現在では1日3食が一般的ですが、かつては1日2食の人も多く、「朝餉（あさげ）」「夕餉（ゆうげ）」と呼ばれていました。それが「朝ご飯」「夕ご飯」に変わったという歴史も考えられそうです。「夕ご飯」が「晩ご飯」を経て「夜ご飯」になった背景には、日本語の変化だけでなく、日本社会の変化もあると考えられます。

［参考文献］
橋本行洋（2007）
「語彙史・語構成史上の『よるごはん』」『日本語の研究』第3巻4号、pp.33-48

第5章

若者動詞

胸に「刺さる」感動

最近YouTubeで見たうさぎが餌食べてる動画、かわいいよね

なんであんなにかわいいの？ かわいいを通り越して尊い。え、まじ天使？ うさぎ様しか勝たん！

すごいうさぎ愛だな……

知らなかったの？ 三女は筋金入りのうさぎ好きで、うさぎ信者を自称しているくらい。部屋もうさぎのぬいぐるみで溢れかえってるよ

そこまで強烈だったとは……。本題に入るが、「尊い」ばっかり使って、他にもっといい言葉はないのか？

まだうさぎ愛を語り足りないのに

「刺さる」は？ 最近の子は「刺さる」を使うよね

刺さるって「心に刺さる」って言葉か？ 別に若者だけじゃなくて、大人でも使うぞ

私たち若者が使う「刺さる」は「**性癖に刺さる**」ってやつで、オタク用語の一つだよ

性癖？

 性癖って言い方はしてるけど、**実際は好みという意味合いのほう**が多いかな

難しい……例文を！

 「推しのスーツ姿が刺さる！ かっこいい！」とか、恋愛でも「この人刺さる！ 好みかも」とか

 小学生のくせに恋愛とは、ませてるね

 今どき普通だよ。お姉、遅れてるね

 ……

自分に刺さる人をがんばって見つけるんだよ

 その優しさが逆に辛いよ

「刺さる」解説

　刃物が「刺さる」ように、**言葉が胸に「刺さる」こと**があります。以前は、漫画などで「グサッ」とオノマトペで表現されていたものです。言われたくはないストレートな本音が刺さり、心に深い傷を負うことがあります。それを感覚的に表した表現です。「『おまえ、またやらかしたのか』上司の何気ない一言が私の胸に刺さった」のように使われてきました。

　しかし、最近の「刺さる」は**人が傷ついたときではなく、人が感動したときに使います**。「あいみょんの歌詞がぐさぐさ胸に刺さる」「癒やし系のポスター、うちらの世代にぶっ刺さる」はけっしてネガティブな意味ではなく、むしろよい意味で心に爪痕を残したことを表します。「やばい」などの形容詞で見られた、**悪い意味が良い意味に拡張するという若い世代の言葉の法則**は動詞でも健在です。

明るく「ディスる」未来

聞いてよ。昨日、次女に笑い声が吠え猿みたいって**ディスられた**んだけど

「**ディスる**」？「ディスる」って何だ？

私としては「吠え猿」に突っ込んで欲しかった

「吠え猿」もなかなかだが、「ディスる」が気になってつい。例文も頼む

「ディスる」は**相手にサラッと悪口吐いたり、がっつり悪く言ったりすること**だよ。「君、身長変わらないのに、私より座高高いな。いいなー」と言うと「ディスらないでくれる？」って返してもらえるかも

ああ、なるほど。足が短いってことか。じゃあ「女子が裏で陰口を言う」のも「裏で女子がディスってる」と言い換えられのか？

うーん、裏でディスるとは言わないかな。どちらかと言うと、**面と向かって毒を吐くこと**。だけど直球で「ばか」「あほ」と罵るよりは、さっきの短足みたいに、皮肉ったり、オブラートに包んだり。ちょっと高度な技かもね

奥深い。おもしろいな

よし、この話はおしまい。私これから友達と遊びに行くから

お、だから今日はメイクしていたのか

そう、かわいいでしょ?

似合ってる。メイクで見違えたな

それって、すっぴんが不細工ってディスってない?

ほめ言葉だってば。女子は難しいなぁ

「ディスる」の解説

　外来語で動詞を作るとき、**片仮名2文字（正確には2拍）に短くして「る」を付けるというルール**があります。「ミスをする」であれば「ミスる」、「サボタージュする」であれば「サボる」、「メモを取る」であれば「メモる」、「コピーを取る」であれば「コピる」、「バグを起こす」であれば「バグる」、「ハウリングを起こす」であれば「ハウる」です。「グーグルで検索する」場合は「ググる」、「ウィキペディアで調べる」場合は「ウィキる」です。2拍の音はリズムがよく、若い世代の感覚によく合います。「パニクる」や「トラブる」のように、片仮名3文字のものもないわけではありませんが、数は少ないです。

　「ディスる」の由来は正確にはわかりませんが、おそらく**英語の否定の接頭辞「dis」から来ている**と思われます。たとえば、「賛成する」の"agree"に否定の"dis"をつけると、不賛成の意味から「反対する」の"disagree"になります。また、「覆う」の"cover"に否定の"dis"をつけると、カバーを外すことから「発見する」の"discover"になります。もちろん、「ディス」という単独の語はないのですが、**「ディスる」は「否定する」の意味**で捉えると理解ができるわけです。

　意味はけっして軽くありませんが、「馬鹿にする」「侮辱する」というと雰囲気まで重くなりますので、「ディスる」という短い形態で軽く口にすることを若い世代は好みます。

あとから「ジワる」感情

 お姉、日本史の勉強したいから付き合って

 あ、うちが出したい!

 できるか不安だけど……。じゃあよろしく

 任せて。第一問、「あしりぎまん」が建てた建物を答えよ

 あしりぎまん? アンパンマンの亜種?

 違うよ、これ「あしりぎまん」じゃなくて足利義満だよ

 そういうことね! ……にしても、「あしりぎまん」ってやばい。ふふっ、**ジワる**

 それね、クスッ

ちょっと待った! 勉強しているにしては楽しそうだな

 うちは不服だよ

「ジワる」って言葉も気になるな。よし、例文だ!

ジワってる姉たちの代わりに説明するね。「父の親父ギャグに不覚にもジワる」のように**じわじわおもしろくなってきて、笑いがこみあげてくること**だよ

なるほど。それで上の2人はジワっているんだな

最早笑ってない?

やばい……ツボに入った。こっちの名前も読んでみて

えーっと、上から「このいもうとこら」「おりたしんちょう」「たるせまは」

あははっ! やばい、おもろすぎ!「このいもうとこら」ってもはや大才……!

「おりたしんちょう」って誰? あははは! っげほげほ! やばい、笑いすぎて器官に入った

めっちゃ不本意なんだけど……。本当は何て読むの?

あの2人はツボが浅いからなあ。答えは「小野妹子ら」「織田信長」「桶狭間」だ

「ジワる」解説

　「ジワる」の「ジワ」は、「ディスる」の「ディス」とは違い、外来語ではありません。事実、不二家のカントリーマアム「じわるバター」のように「じわ」と平仮名で書かれることも多いです。**「ジワる」は、オノマトペ（擬音語・擬態語）の一部で、**この種の動詞は、**「チクる」**（密告する：「チクリと刺す」に由来）、「テカる」（光沢がある：「テカテカ」に由来）、**「ボコる」**（痛めつける：「ボコボコにする」に由来）、**「ポチる」**（ネット上で購入する：「ポチッと押す」に由来）、**「ドヤる」**（自慢げに振る舞う：「ドヤ顔」に由来）、**「モフる」**（猫などの毛をなでる：「モフモフ」に由来）などがあります。「チクる」「テカる」「ボコる」などは以前からあったように思いますが、「ポチる」「ドヤる」「モフる」などは比較的最近目にするようになった印象で、**「フワる」「シュワる」「ホクる」**などの新しい形も出はじめており、**今後も新しい造語が市民権を得る**ことが予想されます。

　「ジワる」は**「感情がじわじわこみあげる」ときに使われる**のが一般的で、とくに笑いがあとから徐々にこみあげてくるときに使われることが多いです。「悪役にいい人感が出すぎていてジワる」「靴下の右と左、よく見ると違う種類なのがジワる」などと使われます。

手を合わせて「祈る」

 今日は人生初のディズニーランド！ めっちゃ楽しみ

 明日、雨予報なんだよね。雨が降らないことを**祈る**よ

でも、逆に人が少なくていろいろ回れるんじゃないか？

確かに！ 限定のお土産とかすぐ売り切れちゃうらしいけど、残ってるといいな。マジで買えることを**祈っている**

さっきから「祈る」とかそんな大げさな

 ディズニー好きのあたしにとっては死活問題なの！

それは失礼しました……

 けっこう今の人って「祈る」って言うよね

 これもSNS文化の影響かな。よくそういう呟きを見るよ

祈りもずいぶんと軽くなったなあ……

「祈る」解説

「願う」ことと「祈る」ことは違います。**「祈る」とは、万策尽きてどうしようもなくなったとき、自らの無力さを覚えつつ、偉大なる存在にむかって助けを求めて呼びかけることでしょう。**

　しかし、「祈る」ことは現代の文脈では軽くなりがちです。「明日の天気が晴れることを祈る」「ガチャが当たることを祈る」「会議が長引かないことを祈る」「スマホの充電が切れないことを祈る」などが、「🙏」の絵文字を添えて使われます。当人にとっては切実なのかもしれませんが、「祈る」ことは、たとえば命に関わるような、ほんとうに大事なときに取っておけばよいのになどと、老婆心ながら思います。

　しかし、**若い世代の祈りが軽くなった背景には、大人の祈りが軽くなったからかもしれません。**「〇〇さまの今後のご活躍をお祈り申しあげます」という文で締めくくられる不採用通知、通称「お祈りメール」に傷ついた就活生は少なくないでしょう。このような、心のこもっていない定型句に「祈る」という動詞を頻繁に目にした結果、若い世代の「祈る」という言葉の語感が軽くなってきたのだとしたら、上の世代の責任もまた軽くないように感じます。

なすすべもなく「詰んだ」

課題が終わらない！　この課題提出できなかったら落単するよ

単位落としそうなのか？　何の課題なんだ？

数学。アナログ世代のお父さんは知らないかもしれないけど、今はオンラインで課題を提出できるの

それくらい知ってるぞ

とりま日付変わるまでが期限だけど、やばい、**詰んだ**よ、終わらない！

それはまずいな、できるところまで頑張るんだ！　ところで「詰んだ」とは何だ？

今は厳しいよ。次女に任せた！

お姉の代わりに説明するよ。詰んだとは、**物事の手の施しようがない状態、進退極まった状態、手詰まりな状態**のことだよ。つまり**もう後がない**ってことね

「詰んだ」って将棋だとよく使うけど

そうね、調べてみた感じ、語源は将棋っぽいよ

あやふやだけど大丈夫か? ちなみに例文は?

前に聞いたのは「両手に荷物持ってて冷蔵庫が開けられなくて詰んだわ」とか? あとはやっぱり「共通テストで受験票忘れて詰んだ!」とかがセオリーじゃないかな

どちらにしろ汎用性は高いな

ちなみに**「終わった」「オワタ」**も似たような意味。ところでお姉、そろそろ課題終わりそう?

よしできた! あとは出すだけ

おめでとう。よかったな

……って、課題昨日までだった! 初めから詰んでたじゃん……

ドンマイ

「詰んだ」解説

「詰んだ」は、将棋由来の言葉です。将棋は、王将を相手よりも先に捕まえるゲームであり、王将がどこに逃げても相手の駒に取られてしまう状態は「詰み」と呼ばれ、負けが確定します。つまり、「詰んだ」は、**どうやっても王将が助からず、お手上げの状態を指す**わけです。「詰んだ」は"観る将"にとってはなじみがありますが、一般になじみがあるかどうかは微妙です。文化庁の2022年度の「国語に関する世論調査」によれば、全体の30.5%が使う言葉、68.6%が使わない言葉だとしており、まだ完全に定着したとまでは言えないのですが、勢力を広げていることは間違いなさそうです。

　ボードゲーム由来の日常語は多く、たとえば、麻雀用語から来た**「テンパる」**も若い世代のあいだでよく使われます。「テンパる」は、あと一つでアガリになる状態を指す「テンパイ」を動詞化した語で、**勝負が決まる直前の緊張感や焦りから、気持ちの余裕を失った状態になっていること**を指します。

　一方、**「ダメになる」「ダメ押し」**の「ダメ」は囲碁の「駄目」に由来します。「駄目」は石を打っても陣地が増えない場所を指し、**転じて、効果がない、役立たないこと**を表します。

　そのほか、将棋用語の「王手」「捨て駒」、麻雀用語の「リーチ」「安全牌」、囲碁用語の「手抜き」「一目置く」など、日常生活でも活躍するボードゲーム由来の語は少なくありません。

「違くて」は動詞か形容詞か

犯人は長女だろう

いや、**違くて**！

本当に？

本当に違う！ 違います！

どうしたの？ 修羅場？

いや、目を離したすきに机にあったクッキーが消えていたんだ。犯人は常習犯の長女しかいない

本当に違うんだって！

まあまあ。犯人は分かってることだし落ち着いて。それよりも「違くて」って何？

何とは？

普通「違う」に「く」なんかつける？ お父さんは聞き取れなかったかもしれないけど、私の耳は誤魔化せないよ

地味にディスられてないか？ でも、確かに「違くて」とは言わないなあ。「違う」だな

言われてみれば……。言い訳するときについつい「違くて」が出ちゃうかも

私じゃなくて、と言えばよくない？

それは確かに。でも、「違う」とか「違うと思う」って断言するのもしっくりこないからかな。まあ、難しいことはお父さんに任せるとして、大事なこと忘れてない？

大事なこと？ お姉の言い訳？

じゃない、違くて、お菓子の犯人

ああ、あれね、私と三女がおいしくいただきました！

よくも大事なクッキーを……。食べ物の恨みは怖いぞ！

「 違 く て 」 解 説

　英語では、違うことを表す構文として"be different from"を最初にならいます。つまり、英語では「違う」は形容詞で表せることを知るわけです。しかし、同時に"differ from"という動詞の表現も存在し、英語では形容詞と動詞とのあいだで揺れています。じつは、日本語の「違う」も同じです。

「違う」は本来は五段活用の動詞で、**「違わない」「違います」「違う」「違えば」「違おう」**のように活用します。接続助詞「て」に続く形は「違って」です。ところが、「違い」を形容詞と見なして、「かろ・かっ・く・い・い・けれ」に従って活用されると、**「違かろう」「違かった」「違くて」「違い」「違ければ」**となります。このうち、「違かった」「違くて」はよく見かけますし、「違かろう」や「違ければ」も、「地域や環境が違かろうと」「違ければ違うほどいい」などと、しばしば使われています。

「すごいおいしい」の**「すごい」で起きているのは形容詞の副詞化ですが、「違くて」で起きているのは動詞の形容詞化**です。「違う」は動詞のはずですが、意味的には形容詞っぽいので、意味に引きずられて活用も形容詞化していると考えられます。反対に「大丈夫」という形容動詞では、**「大丈夫ばない（だいじょばない）」**のように動詞的な活用をさせる例も見られます。

コラム5

若者言葉の閉鎖性

　私たちは偏った言葉の世界に生きています。学生であれば学校のなかで伝わる言葉を話し、家庭であれば家庭のなかで通じる言葉を話します。社会人になれば職場のなかで意思疎通できる言葉を使うはずです。

　職場で使われるのはおもに業界語です。金融関係であれば金融の業界語を、メーカーであればメーカーの業界語を、官公庁であれば役所の業界語を、それぞれ使います。業界語は関係者には便利で、短い言葉で効率のよい意思疎通が可能です。しかし、一般のお客さまに業界語を使ってもおそらく通じません。そこには専門性の高い専門語が入りこんでいるからです。したがって、一般のお客さまには、業界語をかみ砕き、わかりやすく話す必要があります。そうしないと、お客さまが離れていってしまうでしょう。

　ある集団のなかだけで通じる仲間うちの言葉を集団語と言いますが、集団のそとにいる人にたいしては集団語を易しく言い換えなければなりません。私も言語研究者なので、言語学関係者のなかだけで通じる専門語で文章を書くことができますが、それは専門誌に掲載される論文を書くときだけであり、本書のような一般書では専門語の使用はできるかぎり避けます。本書の多くは、言語学を専門としない読者であり、平易な言葉で書かないと理解してもらえないからです。つまり、私は読者によって言葉の種類を変えているわけですが、こうした言葉の切り替えは、私に限らずどなたでも、ふだんの生活のなかでなさっているはずです。

　言葉にはかならず宛先があります。書き言葉ならば読み手、話し言葉ならば聞き手が宛先となります。私たちは宛先が誰なのかによって、言葉の

種類を変えます。それが、社会言語学の説くところです。

　若者言葉の宛先は誰か。言うまでもなく、仲間うちの若者です。そのため、若者には理解されることを強く望む一方、若者以外は宛先にしていませんので、若者でない相手に理解されることを望んではいません。

　たとえば、商業施設の店内放送で、「商品をお待ちの〇〇さま、準備ができましたので、3階紳士服売り場までお越しくださいませ」などとアナウンスされることがあります。しかし、「〇〇さま」に特定の名前が入った場合、万引き犯がいることを意味することがあるそうです。「〇〇さま」は隠語であり、その隠語を知っている店員と警備員だけが、万引き犯の存在を理解できます。言葉は、その場にいる人すべてに、等しく理解されることを望んでいる場合と、そうではなく、一部の人にだけ理解されることを望んでいる場合とがあり、若者言葉は後者に当たります。

　その意味で、若者言葉には集団語としての閉鎖性があるわけです。したがって、年配の人が慣れない若者言葉を使って、若者の輪に入ってくることを当の若者は毛嫌いします。若者言葉は部外者立ち入り禁止の言葉だからです。若者におもねって若者言葉を使う年配者がいたら、その人は若者たちに「痛い人」と見られかねません。大人としてのきちんとした言葉遣いで距離を取って接したほうが、若い世代と良好な関係を築くことができるのです。

［参考文献］
米川明彦（1996）『現代若者ことば考』丸善出版

第6章

若者構文

「〇〇しかない」のポジティブ効果

 よかったね

 うん！ 本当にありがたかった

どうしたんだ？

 三女の落とし物を親切な人が交番まで届けてくれたんだって

それはよかったな

 届けてくれた人には**感謝しかない**よ

しかない？

 またメんどくさいスイッチ入った

 せっかくいい話だったのに

すまん、だが気になるんだ。例文を頼む！

「アスリートはストイックな生活をしていて尊敬しかない」「きのこ派よりたけのこ派には共感しかない」

「しかない」って言葉を使っているけど、ポジティブだよね

なるほど。意外とシンプルで分かりやすいな

解決したならうち、友達の家行ってくる！

いってらっしゃい

気を付けてね

ところで何を落としたんだ？

友達ん家に持っていくための人参だって。あとサニーレタスとブロッコリー

サラダでも作るのか……？

さあ……。うさぎ様へのお土産じゃない？

「〇〇しかない」解説

　冷凍庫を開けると、大好きなアイスクリームの箱がある。どのぐらい残っているのかな。ワクワクして開けると、半分ほど残っている。そこで、**「半分もある」と考えるのが楽観派、「半分しかない」というのが悲観派**というのは、よく言われることです。

「〜しかない」は「不安しかない」「怒りしかない」「悲しみしかない」など、**ネガティブなことを表す**と、かつての日本語では思われてきたはずです。ところが、最近では、**ポジティブな「感謝しかない」構文**がよく使われています。会話に出てくる「感謝しかない」のほか、「期待しかない」「自信しかない」「共感しかない」「楽しみしかない」などもよく目にします。

　もともと「やるしかない」「行くしかない」「がんばるしかない」など、残された選択肢が限られてしまい、追い詰められた状況からポジティブに転化する用法はありましたが、「感謝しかない」「期待しかない」はそれとも異なります。不二家のお菓子、「チョコまみれ」「チョコだらけ」のように「まみれ」「だらけ」という**ネガティブなものにポジティブなものを組み合わせて、ポジティブ効果を高めるような用法**がありますが、それに似た効果を「〇〇しかない」構文も持っているようです。

最強の「〇〇しか勝たん!」

 信じられないんだけど!?

 どうしたんだ?

 世界一かわいい動物ランキングの1位になぜうさぎ様がいないの! どうして? うさぎ様**しか勝たん**でしょ!

 それは気の毒に。……それはとにかく、「しか勝たん」?

 また始まったよ

 お父さんがまともに取り合ってくれないよ……

 「〇〇しか勝たん」というのは? さっき学んだ「〇〇しかない」とはまた違った言葉だな。それに「勝たん」って、何か勝負でもしているのか?

 勝負はしてないよ。「推ししか勝たん」あるいは「推ししか勝たない」って言ったりするんだけど、これは「好きなキャラクターだけが勝つ」「推しが優勝」「推しがナンバーワン」みたいに、強烈なラブコールなんだよ。だから「勝たん」も勝ち負けじゃないんだよ

なるほど。**強烈な**ラブコールか。最近の子は熱烈だな

使う子はいわゆるオタクが多いかな。ここにいるうさぎ信者に始まり、アイドルオタク、アニメオタク……。でも一軍女子……、つまり陽キャとか言われるザ・キャピキャピした子たちも使ったりするよ

幅広く使えるな

そうそう。私のイメージだと、短いスカートはいて髪巻いたかわいい子がピースしながら「推ししか勝たん！」って言ってそうだね

つまり長女みたいな子とは縁遠い言葉、ということか

ちょっと、聞き捨てならない言葉が聞こえたよ？

うさぎ様……

「〇〇しか勝たん」解説

「〇〇しか勝たん」は「勝てるのは〇〇しかいない」という意味で、「〇〇が一番」「〇〇が最高」という最上級を表す若者構文です。「〇〇」に入る典型が「推し」であり、「推ししか勝たん」が基本構文になります。

「〇〇」には、各自の「推し」が入ればよいわけで、スイーツ好きの人は「スイーツしか勝たん」「フィナンシェしか勝たん」、アルコール好きの人は「酒しか勝たん」「ビールしか勝たん」、野球好きの人は「ライオンズしか勝たん」「村神様しか勝たん」となるわけです。

「〇〇しか勝たん」が**最上級の言い方になる理屈は、英語で間接的に最上級を表すときに「否定＋比較級」を使うことを思い出せばよい**でしょう。たとえば、「〇〇が一番大事だ」と表現したいときに「〇〇より大事なものはない」という言い方をすれば最上級になります。同様に、「〇〇に勝るものなし」と言えば最上級になるわけで、それを現代風に言えば「〇〇しか勝たん」になります。

「正義構文」は正しいか

そろそろネタが切れてきたね

メタな話になってるよ

シナリオ担当のお姉、がんばれ!

そんな長女のために、お父さんが新しい話題を持ってきたぞ

話題ってどんな話題?

正義構文だよ

正義構文って何?

「〜は正義」と言い切る構文のことだよ

「構文」って言葉、最近よく見るよね。絵文字を多用する「おじさん構文」とか、論理の飛躍を伴う「お母さんヒス構文」とかさ

他の構文は一度置いておこう。正義構文とは読んで字のごとく。**「〜に勝るものはない」という意味**で使われて、形容詞主語が多い。たとえば「かわいいは正義」や「おいしいは正義」なんかがある。「肉は正義」とか「寿司は正義」とか食事では贅沢なものが目立つな。個人的に好きなのは「笑顔は正義」と「優しさは正義」だな

うちは「休み時間と給食は正義」だと思ってる。休み時間と給食のために、めんどくさい学校に行っていると言っても過言ではないね

意外と小学生らしくて安心したよ。あたしは「睡眠は正義」かな

次女、何時間でも寝てるよね。私なら「スイーツは正義」！昨日もらったケーキ食べよっと！

だからダイエット失敗するんだよ！

「正義構文」解説

　「正義」は大事ですが、同時に危険です。「正義」よりも「正義感」が危険なのかもしれません。誰かが社会的に間違ったことをしていたら、その人を糾弾し罰することが正義だと考えると、個人攻撃も私的制裁も正義となります。そうした誤った「正義感」がはびこる社会はいじめが横行し、けっして住みよい社会とはなりません。

　「法律は正義」「権力は正義」「犠牲は正義」「努力は正義」「自由は正義」「数は正義」「安さは正義」など、一見どれも正しそうに見えますが、それらは進みすぎると問題を起こすものばかりです。一面的なものの見方を強制するのは危険です。

　しかし、**若い世代で使われている正義構文は、個人の趣味や嗜好を表す正義であり、害悪はありません**。「カレーは正義」「スイーツは正義」「スニーカーは正義」「バッグは正義」「にゃんこは正義」「ぬいは正義」「2次元は正義」「筋トレは正義」など、他者に押しつける正義ではない点で好感が持てます。

　なお、正義構文に似た構文に「〇〇は裏切らない」構文というのもあります。たとえば、「筋トレは裏切らない」であれば、筋トレを継続していればかならず結果が出るという意味で使われ、「〇〇は正義」の論理と共通しています。

ありえない「マジないわ」

 嘘でしょ。マジか……

 どうした?

 お父さん、聞いてよ。私が楽しみにしていた映画の公開が始まったのね

 確かに言ってたな

 だから「今日観に行くんだ」ってお母さんに話してたの。そしたら初日に観に行った次女がね

 うん

 「犯人は外科医だよ」ってネタバレしたの!

 それは……気の毒に

 「今日観に行く」ってわざわざ言ったのに! ネタバレする普通??

ごめんって

マジでない。ほんとに**マジないわ**……

まあまあ。ここは「マジないわ」の解説で、一つ手を打たないか？

話題転換下手すぎやしないですか？

「人の話をさえぎってしゃべり出す自己中、あれはないわ」とかね。「マジないわ」は**否定の「ない」に「マジ」がついた形だよ**

それブーメラ……

確かに人の話をさえぎるのはよくないな、なるほど……、ということは「ない」にいろいろな言葉がくっついてバリエーション豊富になっているだけで、真新しい言葉というわけではないんだな

それもブ……

そうじゃないかな？「マジない」「ないわ」の他にも「それはない」「ガチでない」とか。いろいろあるよね

ありえない「マジないわ」

 嘘でしょ。マジか……

 どうした？

 お父さん、聞いてよ。私が楽しみにしていた映画の公開が始まったのね

 確かに言ってたな

 だから「今日観に行くんだ」ってお母さんに話してたの。そしたら初日に観に行った次女がね

 うん

 「犯人は外科医だよ」ってネタバレしたの！

 それは……気の毒に

 「今日観に行く」ってわざわざ言ったのに！ ネタバレする普通？？

ごめんって

マジでない。ほんとに**マジないわ**……

まあまあ。ここは「マジないわ」の解説で、一つ手を打たないか？

話題転換下手すぎやしないですか？

「人の話をさえぎってしゃべり出す自己中、あれはないわ」とかね。「マジないわ」は**否定の「ない」に「マジ」がついた形だよ**

それブーメラ……

確かに人の話をさえぎるのはよくないな、なるほど……、ということは「ない」にいろいろな言葉がくっついてバリエーション豊富になっているだけで、真新しい言葉というわけではないんだな

それもブ……

そうじゃないかな？「マジない」「ないわ」の他にも「それはない」「ガチでない」とか。いろいろあるよね

なるほどな。あ、そういえばあの映画、ラストに犯人がもう1人いることが判明するんだったかな

お父さん、それはひどいよ……

共犯者は外科医の息子で、名前は確か……

マジないわ。マジでありえない！

お姉、安心して。外科医の家はうちと同じ三姉妹がいる設定だから。お父さんの言っていることはうそ。お父さん、おもしろがってるでしょ。

すまんすまん。「マジないわ」のリアルな例文がほしくてつい……

断じてありえん！

「マジないわ」解説

　私と同世代の女性は若いころ「うそー？　ほんとー？　ありえないー！」という軽薄な反応をすると言われ、批判されていました。現在の若い世代は**「ありえない」のかわりに「マジないわ」**という反応をします。

「マジないわ」は**「断じてありえない」ことを意味**し、あってはならないことを批判するときに使われます。「１ヶ月も待たせておいてキャンセル？　マジないわ」のように怒りがこもったり、「職場にミニスカート？　マジないわ」のように非常識だということを含意したり、気持ちがこもりやすいのが「マジないわ」の特徴です。

「マジ」がカタカナで表記されやすいのは、ひらがなの「まじないわ」が「まじない」に一瞬読めてしまうのを避けるためかもしれません。

「ありよりのなし」は「あり」か「なし」か

 あれ、お父さん、今日はお母さんとデート？

 ああ、久しぶりに休みが取れたしな

 おお、良かったじゃん。気を付けていってらっしゃー……って、ちょっと待って

 うん？

 うん？ じゃないよ。まさかジャージで行くつもり？

 そのまさかだが、何か？

 その辺のスーパーに行くんじゃあるまいし。まして、デートなんて銘打ってるならジャージはないよ。**なしよりのなし**

 そうか？

 そうなの。早く着替えてきて

分かった分かった。「なしよりのなし」について解説してくれるなら、着替えに行くから

お母さんよりも若者言葉が大事なの?

ちっ、違う! モヤモヤしてたら、デートも上手くいかないだろ?

……ふーん。まあ、いいけど。「なしよりのなし」はそのままの意味だよ。**「ある」と「なし」**ってあるでしょ。その**「なし」に寄っている「なし」。つまり「あり得ない」ってこと**。古文で言う「よし」「よろし」「わろし」「あし」の4段階のうち、まごうことなき「あし」だね

そんなにデートにジャージってダメなのか? こっちのほうが楽なんだ

お父さんは良くても、ダメ。ちなみに**対義語は「ありよりのあり」**。古文で言う「よし」だね。「この時期だったら春らしくジーンズと、水色のワイシャツとスニーカーだったらいいと思うよ。ありよりのあり!」ってことで、着替えた、着替えた

きびしい娘を持ってしまったなあ

「ありよりのなし」解説

　会話本文に出てきた**「ありよりのあり」は完全にありというこ**とです。不動産広告をみて「この物件、駅近でこの価格なら、ありよりのあり！」であれば、ぜひ借りたいということになります。反対に**「なしよりのなし」は完全になしということ**で、「ぜいたくをしたいわけじゃないけど、記念日に2500円のディナーはなしよりのなし！」であれば、ありえないという意味になるでしょう。

　問題は「ありよりのなし」「なしよりのあり」です。**「ありよりのなし」は「あり」に近い「なし」**で、「金融商品としての学資保険はありよりのなし」と言われたら、あまりお薦めしないという意味です。「住宅ローンの繰り上げ返済はなしよりのあり」と言われたら、**「なしよりのあり」は「なし」に近い「あり」**で、場合によってはお薦めするということになります。まとめると、こんな感じです。

ありよりのあり＞なしよりのあり＞ありよりのなし＞なしよりのなし
←お薦め度大　　　　　　　　　　　　　　　お薦め度小→

父は「ズルすぎ」

 今度このハンバーガーショップ行かない？

 なんで？

 新しく出た、限定プレミアムバーガーがパティ2個に全トッピング無料で、かつセットで800円なんだって

 それはすごいね

限定プレミアムバーガーの話してるのか？ ボリューミーでおいしかったぞ

 そうそう量もたくさんで見た目も**ワイルドすぎ**……、ってお父さん、もしかして食べたの？

食べたが

 お父さん**ズルすぎる**よ。うちにも買ってきて

 私も欲しいかも

今は釣りで遠征するために貯金してるからそんな余裕はないし……。そうだ、さっきから気になっていたんだが「ワイルドすぎ」とか「ズルすぎ」とかって何だ？「ワイルド」「ズルい」でよくないか？

それでも通じるけど、めっちゃワイルドって感じを表現したかったから

「ステーキおいしすぎ」とか「この曲良すぎ」とか、**プラスのイメージを盛りたいときに使う**かな

でもさ「ウザすぎ」「キモすぎ」とか**マイナスにも使う**よね

確かに。「ウザすぎ」「キモすぎ」も「ウザい」「キモい」にさらにマイナスのイメージを盛りたいときに使うかな

なるほどなあ

そう、だからさっきはお父さんだけ、1人でハンバーガー食べていてとてもズルいってことだよ

ギクッ……せっかく話題をそらしたのに

今日のお昼は限定プレミアムバーガーでお願いしまーす！

「ズルすぎ」解説

「○○すぎ」は日常会話の定番の強調表現です。「毎日忙しすぎ」「オムライスでかすぎ」「炎天下の練習きつすぎ」「我ながら偉すぎ」「足痛すぎ」「コスパ悪すぎ」などと使います。

しかし、若い世代の「○○すぎ」の愛用ぶりは度を超しています。「○○すぎ」が好きすぎです。「めっちゃすごすぎ」「インパクト強烈すぎ」「ガチ神すぎ」「発想が天才すぎ」などです。「めっちゃすごい」「インパクト強烈」「ガチ神」「発想が天才」で十分なのに、**屋上屋を架すように「すぎ」をつけたがります。**「一番最初」「各クラスごと」「あとで後悔」など「最初」「クラスごと」「後悔」だけで十分なのに、「一番」「各」「あとで」をつけると、重複表現になるのと理屈は同じで、「○○すぎ」は重複表現の温床です。

重複表現は盛りあがりに欠かせませんが、度をすぎると言葉が軽くなります。「新キャラ乱発しすぎ」「グッズ購入大行列すぎ」「ライブ最高すぎ」「人選完璧すぎ」「激アツ配信すぎ」など、「乱発」「大行列」「完璧」「激アツ」が持っている意味の強さが「すぎ」がつくことでかえって弱くなるので、その点で注意が必要です。

コラム 6

若者言葉の作り方

　若者言葉は、それまでの日本語で使われていなかった新しい言葉からできていると考えられます。しかし、まったく新しい言葉を作りだし、それを定着させることは、不可能に近いと言わざるをえません。まったく新しい言葉には意思疎通の手がかりがなく、日本語として通じないからです。

　したがって、新しい言葉は、それまでに日本語に存在していた言葉の形を変えるか、意味を変えるか、いずれかの方法によって作りだすのが基本です。ここでは、前者の形を変える方法について考えてみましょう。

　若者言葉は語形を短くする省略が基本です。高齢者のコミュニケーションと比べてみればすぐにわかりますが、若い世代のコミュニケーションはスピード感が大事です。そのため、語形を短くすることが、若者言葉の基本となります。たとえば、形容詞の「気持ち悪い」「恥ずかしい」「難しい」は「きもい」「はずい」「むずい」で十分です。動詞も「ツボにはまる」は「ツボる」、「使いっ走りをする」は「パシる」、「告白する」は「コクる」となります。また、とくに外来語が元気で、「デコる」「バズる」「ググる」など、たくさんの動詞を生みだしています。

　もちろん、名詞も多く、「ごちそう」は「ごち」、「自己中心」は「自己中」、「学生食堂」は「学食」、「卒業アルバム」は「卒アル」、「一人カラオケ」は「ヒトカラ」などとなります。3章では「イミフ」「リアタイ」「ファンサ」などを考察しました。また、固有名詞も略されがちで、「ロイヤルホスト」は「ロイホ」、「ミスタードーナツ」は「ミスド」、「スターバックスコーヒー」は「スタバ」となります。固有名詞の場合、方言差があるケー

スも多く、関東の「マック」と関西の「マクド」、関東の「セブン」と関西の「セブイレ」、関東の「USJ」と関西の「ユニバ」といった違いが見られます。

　複数の語が組み合わさった句を一語化することもよく行われます。「いつものメンツ」は「いつメン」、「レベルが違う」は「レベチ」、「リアルが充実」は「リア充」、「チラッと見る」が「チラ見」、「胸がキュンとする」は「胸キュン」、「クリスマスにひとりぼっち」は「クリぼっち」、「土壇場でのキャンセル」は「ドタキャン」など、多岐にわたります。

　形を変える方法としては、省略以外にも、2章で見た造語も有力です。形容詞に「〜さ」ではなく「〜み」をつけて名詞にする「うれしみ」「やばみ」「おいしみ」などは生産性が高いです。また、名詞に「〜詐欺」「〜系」「〜ハラ」「〜活」などをつけて新語を造りだす操作も盛んに行われていますし、「生成AIが発達しすぎて、私にできる仕事がこの世にない説」「冷蔵庫にあった野菜をありったけ詰めこんだ感の鍋料理」のような「〜説」や「〜感」を使い、新しい発想を長い言葉で表現する方法も試みられています。

　既存の形に一手間加えて新しい言葉を生みだす。若者言葉の生成は創作料理のように行われているのかもしれません。

［参考文献］
窪薗晴夫（2002）『新語はこうして作られる』岩波書店

第7章

若者副詞

「ぶっちゃけ」ないのは人のため

 今日のテスト上手くいったよ

 お、それはよかったな

 そう！ ちょうど勉強していたところが出てね。これで落単は避けられる。

 とりあえず今年は進級は大丈夫そうで安心したよ

 ぶっちゃけ、そのテストのために遅くまで勉強して1限のテスト寝ブッチしたけど

 ネブッチ？ なんだそれは

 口が滑った……。お父さん、それよりも気になる言葉なかった？

 だからネブッチ……

 ぶ？「ぶっちゃけ」ね！ よし、私が解説してあげるよ

実は、前から思ってたんだけど、お父さんがかっこいいと思って着けてるそのネクタイ、……ぶっちゃけダサい!

ガーン! 父は傷ついた……

まあ、それは置いといて、**自分の言いたいことを言うときの前置き**に「ぶっちゃけ」を使うね

さっきのは冗談だよな? 冗談だと父は信じるぞ! ……それで、「ぶっちゃけ」は「はっきり言って」と同じ意味か?

うーん……確かに近いけど、そこまで重い印象はないな。「はっきり言って」の方がきつい感じ

お父さんは「ぶっちゃけ」でも十分傷ついたぞ。「ぶっちゃけ」は人を傷つけるからよくない!

ごめんって! でも、やっぱり「はっきり言って」より軽い感じで使うよ。人を傷つけるときもあるかもだけど、**軽いノリで思ったことを言うときに使う**かな

昭和に比べて言葉に重みが欠けるなぁ。それよりもネブッチって……。って、もういない!

★寝ブッチ…寝て約束やテストをすっぽかすこと。「ブッチする」と表現する。

「ぶっちゃけ」解説

　英語の分詞構文で「副詞＋speaking」というパターンがあります。generally speaking 「普通に言うと（普通）」、strictly speaking 「厳密に言うと（正確には）」、honestly speaking 「正直言って（正直）」、frankly speaking 「はっきり言って（ぶっちゃけ）」が代表的です。

　こうした表現は、言っても言わなくても文の意味自体は変わらないのですが、**どんな言い方をするのかを予告することで、次に来る言葉を言いやすくする働きがあります。** frankly speaking や「はっきり言って」「ぶっちゃけ」は、**本音をストレートに言える環境を作るための予告表現**です。

　ただ、本音というのはしばしば人を傷つけます。ふだん、人は相手を傷つけないように言葉をオブラートに包んで言うようにしているのですが、frankly speaking や「はっきり言って」「ぶっちゃけ」はオブラートを外す働きがあるからです。

　一度口にしてしまった言葉、一度書いてしまった言葉は取り消すことができません。「ぶっちゃけ」を使いたくなったときは、自分のこれから口にする言葉が相手を傷つけるおそれがないか、気をつけて使う必要があるでしょう。

控えめではない「控えめに言って」

 京都に来るの久しぶりだね

 修学旅行以来かな

 京都弁とか聞いてみたいな

 京都弁じゃないが、これは知ってるか？「いい時計してはりますなぁ」

 それ知ってる！ ダサい時計って意味でしょ？

 違うよ。「話が長い」って意味でしょ

 そうそう。よく知ってるな

 皮肉がきいてるね。**控えめに言って**怖いわ

 高度なコミュニケーションだよね

 「控えめに言って」？

あ、また反応しちゃったよ

 よし、解説を！

 意味は字面の通りで、**控えめに言ってさえ怖いから、控えめでなく、普通に言っても怖い。つまりとても怖いってこと**だね

 「銭湯帰りの冷えたコーヒー牛乳は、控えめに言って最高」でしょ

 確かに。風呂上りのコーヒー牛乳なんて懐かしいな。でも大人になったら、キンキンに冷えたビールも捨てがたくって。意外と変わり種だと、冷たくしたワインとかも実は……

 お父さん、いい時計してるね！

「控えめに言って」解説

「控えめに言って」は直前の「ぶっちゃけ」のところで見た「〜に言って」の仲間の一つで、**これから言う内容を予告する表現**です。しかし、「控えめに言って」の場合、**次に来る内容は控えめではないところに、若い世代の使い方の特徴があります。**

「控えめに言って」のあとは「最高」がもっとも多く、「控えめに言って神」「控えめに言って天使」「控えめに言って奇跡」「控えめに言って天才」などといった最上級の賛辞が並びます。悪い意味が来ることもありますが、「控えめに言って最悪」「控えめに言って地獄」「控えめに言ってクソ」「控えめに言ってクズ」などの容赦ない罵倒の言葉が並びます。

つまり、「控えめに言って」と前置きをして最上級の言葉を並べることで、現実はもっと極端なレベルにあることを強調する構文になっているわけです。別の言葉で表現するならば、「誇張なしに」「掛け値なく」というぐらいになるでしょうか。実際は誇張があるわけですが、**若い世代らしい、ここぞというときに使う究極の誇張表現**と言えるでしょう。

プラス思考の「いい意味で」

あのアニメの実写化良かったよね。**いい意味**で裏切られたよ

確かにアニメと同等かそれ以上の良さだっだな。ところで、「いい意味で」ってどういう意味だ？ ……いや、意味は分かるんだが、よく聞くなと思ってな

確かに私の同世代とかは使うけど、お父さんが使ってるの聞いたことないかも。あまり使わないの？

お父さんの周りの人はあまり使わないな。よし、ひとまずは例文だ！

「意味分かる」って言ってたのに……。「昨日の試合の逆転スリーラン、あれやばかったよね。崩れた体勢からバックスクリーン直撃とか、いい意味でぶっ飛んでる」

ああ、あの試合か。あれはすごかったな！ あのときのピッチャーのボールは別に悪いボールじゃなかったのに、あれを体勢が崩れた状態でホームランにできると、うれしいを通り越して……

また脱線してるよ

コホンッ。とにかく、「いい意味で」とは書いて字の如くってことだな

そのまんまだよね。**普通に聞いたら悪い印象を抱きそうなときに一緒に使って、逆にプラスの意味にするもの**だね

なるほどな。しかし今は「やばい」にしろ「ぶっ飛んでる」にしろ、ポジティブな意味で使うなんて、言葉も変わったなぁ

お父さんも、昔に比べていい意味で丸くなったよね

やっぱり歳をとると、丸くなるよな。……って、丸くなるってどっちの意味だ？　ひょっとして体型か？

「いい意味で」解説

　「鳥肌が立つ」という表現は本来は恐怖感を伴い、あまりよい意味では使われません。しかし、「いい意味で鳥肌が立つ」とすると、感動したという意味になります。「予想が裏切られた」という表現は本来は失望を表す表現ですが、「いい意味で予想が裏切られた」とすると、予想以上の評価が得られたことになります。**このように、「いい意味で」が付くと、悪い評価が消去され、よい評価が上書きされる**ことになります。

　逆説的な表現は、かえって人の心に残るものです。「頭がおかしい」というのは通常悪口ですが、「いい意味で頭がおかしい」と言うと、独創的な発想ができるとか、頭が切れすぎるという意味になり、よい言葉でほめた以上に人の印象に残ります。「変わっている」も、「いい意味で変わっている」と言えば、単に変だ、おかしいという意味ではなく、ユニークで唯一無二の存在だという意味になりますし、「いい意味でバケモノだ」と言えば、モンスターだと言っているわけではなく、一般人を凌駕する超人的な能力を持っていることを表すわけです。

　「ぶっちゃけ」はネガティブな意味を持ちこみやすいので使用上の注意が必要ですが、**「いい意味で」はポジティブな意味を導入しますので、積極的に使ってよい表現**です。ただし、「いい意味で」と断っていても、「頭がおかしい」「変わっている」「バケモノだ」と言っていることは事実ですので、極端にネガティブな評価を持ってくることは、相手の機嫌を損ねる点があることには配慮の必要があるでしょう。

「なにげに」意外に意味が広い

長女の運転中。父は助手席にて。

CDかけてもいいか？

どうぞ

ふんふふ〜ん♪

お父さんって、**なにげに**歌上手いよね。カラオケでも90点取るし

それはありがとう、と言いたいところだが、ほめられている気がしないな。「なにげに」ってなんだ、「なにげに」って。よし、例文だ！

運転してる人に無茶言う。**「なにげに」は「意外と」って意味**だよ。さっきのは「意外と歌上手いよね」ってこと。例文はGoogle先生にでも聞いて！

やっぱりほめてないじゃないか。おっ、Xでは「今大阪来てんだけど、なにげに本場のたこ焼き食べるんで楽しみ」っていうツイートがあるな。あれ、でもこれは「意外と」だと意味が通らないぞ

それは、**「なにげに」を「実は」って捉えてるパターン**じゃない？ **「意識してなかったけど、実は」**って。そう考えると「意識してなかったけど、意外と」と似てるよね

なるほど。奥が深いな。あ、次の道を右折

はーい。……そういえば、免許取ってから人乗せて運転するの、なにげに初めてなんだよね。あ、これは意識してなかったけど、自分でも初めて認知したってパターンだね！

今すぐ車から下ろしてくれ。怖い怖い！

「なにげに」解説

「なにげに」はとくに意識・意図せずにという点で、「なにげなく」と似ていますが、意味の開きはありそうです。**「なにげなく」は「とくに意識せずに」から「ふと」「なんとなく」の意味に近い**のですが、**「なにげに」**は「なにげに電車のなかの吊り広告が目に入った」のように「ふと」「なんとなく」の意味で使われることもあるものの、**「とくに意図せずに」から「意外と」「案外」の意味に近づくものもあります。**「駅のまわりを歩き回ってみたけど、なにげにコンビニないよね」「インフルになって仕事を休めて、なにげにほっとしている」、**そこからさらに「実は」「あらためて考えてみると」の意味に発展**し、「お財布を気にせず外食できるのは、なにげに幸せ」「ビアガーデンに来るのはコロナ禍以降初めてだから、なにげに7年ぶり」のようになります。

「なにげなく」の言い換えから出発したように見える「なにげに」ですが、すでにより広い意味を獲得しており、今後もさらに意味を広げていきそうな、そんな勢いです。

じわじわ来る「地味に」

ミスタードーナツのポン・デ・リングおいしいよね

わかる。ライオンのたてがみみたいで、かわいいしね

チョコレート掛けのもおいしいよ

確かにね。でもドーナツも好きだけど、ケーキも**わりかし**好きだよ

ケーキもおいしいよね。お姉はそろそろ歳だからクリームたっぷりはキツいだろうし、タルトなんかか好き?

歳って……大して違わないのに。あ、でも**地味に**チーズケーキも好きだよ

ちょっと待った!

このお父さんの入り、久しぶりだね

「わりかし」とか、「地味に」とか気になって話が入ってこないぞ。「地味に」について例文を頼む!

搭乗時間まであと5分ですけど。絶対秒で終わらないし

 じゃあ、一瞬で行って帰ってくるから

 いや、一瞬だって似たようなもんだし。ま、乗り遅れたときは、現地で待ってるね！

「秒で」解説

　数字の「一」が付く副詞はたくさんあり、言葉の勢いを強める切れ味を持ちます。「もっとも」は「一」をつけたら何と言うでしょうか。そうですね、**「一番」**です。同じように考えると、「まったく」は**「一切」**に、「ひたすら」は**「一途に」**となります。「すべて同時に」は**「一斉に」**、「さらに」は**「一層」**、「至るところに」は**「一面」**など、意味を強める場合、「一」のつく副詞を考えると、うまくいくことがわかるでしょう。

　では、「またたく間に」は「一」のつく副詞でどのように直せるでしょうか。**「一瞬で」**と直すことも考えられますが、**「一秒で」**ということもできるでしょう。

　では、「一秒で」と若者が言うかというと、そうは言わないのです。何でも短くしないと気が済まない若者の手にかかると、「一」が取れて**「秒で」**となります。ボクシングでの一ラウンドKOのような「秒殺」であれば私の世代でも思い浮かびますが、「秒で」という軽快な発想はなかなか出てきません。このあたりに、若者との世代差を感じます。

「今日の夕飯がカレーなの、地味に嬉しい」「昨日の深酒のせいか、地味に頭が痛い」「冬になって、地味に体重が増えた」とか

なるほど。**控えめな主張**を感じるな。逆に「派手に」は使わないの？

某鬼が出てくる大人気アニメの柱の決めゼリフかな？

「派手に」は聞かないかな。でも**「地味に」って文脈によっては「実は」のニュアンスもある**んじゃない？ たとえば最初の例の「チーズケーキも地味に好き」とか

そう？

言い方によってはあまり感じられないけど、「地味にチーズケーキも好きなんだよね」っていう言い回しにすれば、そうしたニュアンスが出るかな

確かに

はっきり好きと言えばいいのに

好きっていうのは気恥ずかしいから、控えめに主張しておきたいものなの、女子は

「地味に」解説

「地味に」は形容動詞「地味な」の連用形で、副詞として使うときでも「年齢とともに服装を地味にまとめる」のように、目立たないようにという意味で使います。ところが、最近の「地味に」は**目立たないという形容動詞の意味から離れ、程度を表す副詞**として働いています。

「地味に」は目立たないという元々の意味から、**一見すると大したことには見えないものの、小さくない影響がじわじわ続くという意味**になります。「地味に忙しい」は、目が回るほどの派手な忙しさはないが、小さくない忙しさがずっと続くことになりますし、「地味においしい」は、派手なおいしさではないものの、穏やかで堅実なおいしさに心が和みます。その意味で「けっこう」「意外と」に近く、先ほど見た「なにげに」にも似ています。

2021年3月に実施された文化庁国語課の令和2年度『国語に関する世論調査』では、こうした「地味に痛い」の「地味に」を使う人は約4割（39.8%）、使わない人は約6割（58.9%）ですが、内訳を見ると、10代は93.8%、20代は91.9%、30代でも80.5%が使う一方、年代が進むと下がり、40代では60.7%、50代では34.6%、60代では12.3%、70代では7.3%となっています。ここから、「地味に」の程度副詞用法は、やはり若い世代を中心に使われているようです。

秒刻みを生きる「秒で」

久しぶりに飛行機に乗って海外旅行かぁ。楽しみすぎる

最近はコロナで行けなかったからな。緊張する

飛行機に緊張？ あ、もしかして高所恐怖症だから？

飛行機は鉄の塊なんだ。それが空を飛ぶんだ！ 恐ろしい

そんなことよりどうしよ、トイレ行きたい

え、搭乗時間が迫っているんだが？

いや、まだあと20分あるじゃん

5分前行動が旅行の基本

秒で終わらせて帰ってくるから

ちょーっと待った！

うわっ、びっくりした。なに？

秒とは何だ、秒とは。説明を求む

トイレ行きたいのに

秒で説明してくれればいいから

それは微妙に違和感があるなぁ。**「秒で＝すぐ」というイメージ**。「この仕事、秒で片付ける」とか。**時間を表す言葉**だよ

なるほど。なら、さっきのお父さんの言葉、どこに違和感があったんだろうか？

それは多分人に依頼するときに「すぐ」って使わないからじゃない？ どこか適当な感じがする

なるほど。モヤモヤが解消されて、スッキリしたよ。……ちなみに、お父さんもトイレでスッキリしたいんだが

何か嫌な表現だな

秒で帰ってくるから

搭乗時間まであと5分ですけど。絶対秒で終わらないし

じゃあ、一瞬で行って帰ってくるから

いや、一瞬だって似たようなもんだし。ま、乗り遅れたときは、現地で待ってるね！

「秒 で」解 説

　数字の「一」が付く副詞はたくさんあり、言葉の勢いを強める切れ味を持ちます。「もっとも」は「一」をつけたら何と言うでしょうか。そうですね、**「一番」**です。同じように考えると、「まったく」は**「一切」**に、「ひたすら」は**「一途に」**となります。「すべて同時に」は**「一斉に」**、「さらに」は**「一層」**、「至るところに」は**「一面」**など、意味を強める場合、「一」のつく副詞を考えると、うまくいくことがわかるでしょう。

　では、「またたく間に」は「一」のつく副詞でどのように直せるでしょうか。**「一瞬で」**と直すことも考えられますが、**「一秒で」**ということもできるでしょう。

　では、「一秒で」と若者が言うかというと、そうは言わないのです。何でも短くしないと気が済まない若者の手にかかると、「一」が取れて**「秒で」**となります。ボクシングでの一ラウンドKOのような「秒殺」であれば私の世代でも思い浮かびますが、「秒で」という軽快な発想はなかなか出てきません。このあたりに、若者との世代差を感じます。

とりあえず「とりま」

最近、やる気が起きないんだよなー。勉強めんど

三女みたいなことを。勉強はやる気の問題じゃないっ！ するか、しないかだよ。そもそも、大学の勉強というものはだな……

長くなりそうな予感がした長女

ま、**とりま**、勉強しなさいってことでしょ

ちょっと待った！

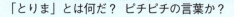
な、なに？　すごい勢いで

「とりま」とは何だ？　ピチピチの言葉か？

ピチピチとか、昭和かいな……。「とりま」はまあ、よく使うけど

長女だって平成生まれじゃないか。この令和の時代、平成はもう古い！　……ってそれは置いておいて、早速例文を頼む！

はいはい。「やばい! 乗り遅れた! 次の会議に間に合わない! とりまタクシーで向かおう」とか

ふーむ……。つまり、前に出たことと違う手段を示す働きをするということか?

そんなに難しく考えなくていいよ。私たち(若い世代)は**「とりあえず」というニュアンスで使ってる**だけだから。ひとまずと似ているかな。長くなりそうな話をまとめたり、あとはお父さんが言った通り、違う解決手段を示す働きをしたり

なるほど、確かにとりあえずと同じようだな。長くなりそうな話をまとめたり……。って、つまりさっき「とりま」で話をさえぎったのは、長くなりそうな話から逃げたと言うことか

振り向くと長女はいない

逃げられたー!

「とりま」解説

　話し言葉では、**言うのが面倒くさくて、言葉が短く発音される**ことがあります。副詞のなかでもそうした現象はよく見られ、すでに見た**「秒で」**もそうですし、「危なかった。ぎりセーフ」の**「ぎり」**は「ぎりぎり」を短くしたもの、「思いたったら即実行」の**「即」**なども、もともとの形は「即座に」でしょう。

　最近、**気になるのは「的には」の省略**です。「原則公開」の「原則」ぐらいであれば、「原則的には」でなくてもよい気がするのですが、「基本同意」の**「基本」**は「基本的には」、「理想予選1位通過」の**「理想」**は「理想的には」、「実質無料」の**「実質」**は「実質的には」、「結果失敗」の**「結果」**は「結果的には」などと言ってほしいなあと感じてしまいます。

「とりま」は「とりあえずまあ」を短くしたもので、たしかに言いやすくなっていますが、意味のわからない者にとっては混乱を来しそうです。仲間内で話すぶんにはよいと思いますが、多様な方々に聞いてもらう場では誤解される可能性もありそうです。

機会を捉えて「ワンチャン」

急ぐぞ！ のんびり服を選んでなんかいるから、こんなことになるんだ

お父さんこそ！ のんびりお菓子なんか食べてるから、家出るのが遅れたんだよ

運転に集中できないから静かに！

はあ〜。これなら遅刻も**ワンチャン**あるよ。てか絶対遅刻する……

ワンチャン？ 今、犬は関係ないだろう

犬？ もしかして、ワンチャンを犬と勘違いしているの？

何だ、ワンチャンは犬じゃないのか？ 気になって運転に集中できないな。よし、例文を！

運転には集中してね……。たとえば「今回のテスト山が当たったし、ワンチャンある！ ワンチャン80点いける！」とか。ネットで調べると「**ワンチャンスの略**」、「**期待は薄いが、可能性がある**」と出てくるね

なるほど……。「もしかしたら」「ひょっとしたら」ということか

 そうそう！ ただ、**「可能性が低いときに使う」と言う人もいるけど、私的には可能性40％でも、場合によっては80％でも使っていい**かなと思うから、その塩梅は人それぞれかな。ワンチャンスならぬ「ツーチャンス」、略して「ツーチャン」なんて言う人もいるらしいよ

じゃあ、この「いつも高速では通り過ぎていたけど、京都行くのはワンチャン初めて」というポストは？「犬が京都に行くのは初めて」という意味かと思ったが、「京都に行くのはもしかしたら初めて」というニュアンスで使っているのか？

 そうだね。あっ、こっちのポストにも「ワンチャン」があるね。これはひょっとして本物の犬のことかな？ Xの世界は「ワンチャン」だらけだね。

かわいい犬の写真を見るとすさんだ心が癒されるよ。……って、あれ？ 今の発言ワンチャンおじさんっぽいか？

 ワンチャンも、ぽいもなく、まごうことなきおじさんだよ

「ワンチャン」解説

「**ワンチャン**」は副詞として若い世代のあいだでかなり定着しています。もともとは「ワンチャンス」であり、「隙があれば、ワンチャン狙ってます」「ワンチャンあれば、対戦してみたい」のように「好機」「機会」という意味で使われていましたが、現在では、副詞としての用法が中心です。

一つは**文末の「かもしれない」などと共起して、「もしかすると」「ひょっとしたら」のような意味の副詞**として使われます。「この展開なら、ワンチャン勝てるかも」「入試問題けっこう解けたので、ワンチャン合格あるかも」のように使います。期待込みで使うことが多い表現ですが、会話本文のように「やべっ、ワンチャン遅刻するかも」のようなマイナスの可能性で使うこともあります。

もう一つは**文末の言い切りなどと共起して、「できれば」「うまくいけば」のような意味の副詞**として使われます。「土曜日ワンチャン行く！」「週末ワンチャン休暇が取れたら競馬三昧」のように使います。いずれにしても、機会や可能性があればという意味に広がりを見せており、今後どんな意味に変化するのか楽しみです。

「マジ」から「ガチ」へ

父と長女、2人でゲーム中

落ちる落ちる！ あっ！ 負けたー！

勝った！ あー、でも、途中やばかったかも。お父さん思いのほか、ゲームで**ガチ**になるタイプなんだね

思っていたより、楽しめるものだな。しかし、今はゲームよりもガチが気になるな……。よし例文だ！

次女の口癖って設定なのに今さら？

そこは大人の事情で……

なるほど。たとえば……去年のクライマックスシリーズ、ガチで燃えたよね〜！ ゲームが二転三転したあと、最後抑えのピッチャーがビシッと抑えたところが人生で一番感動した！ とかね

確かにあの試合はよかった！ それにあの場面で抑えももちろんだが、実は守備位置もかなり的確でな、セカンドが……

話が逸れてる逸れてる！

 ……コホンッ。つまり**「ガチ」は副詞的な役割をする**ということだな。「マジ」と似ているな

 おっ、良い指摘！「マジ」とはかなり似ているよね。正直「違いは？」って言われると困るけど、**「ガチ」のほうが語気が強くて、程度が甚だしい**ように感じるよ

 甚だしいか……。ガチンコ勝負とか言うし、勝負ごとでよく使われるのかな

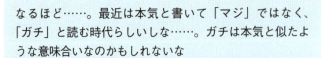

必ずしも勝負ごとではないと思うよ。あと「ガチ」を使った言葉で、本気で恋する**「ガチ恋」**とか、何かにどハマりして本気で入れ込む**「ガチ勢」**とかよく聞くね

 なるほど……。最近は本気と書いて「マジ」ではなく、「ガチ」と読む時代らしいしな……。ガチは本気と似たような意味合いなのかもしれないな

 そうなんだ

 長女も平成生まれだからな。お父さん同様、時代に置いていかれているよ

 ……それガチ？

「ガチ」解説

　本気と書いて「マジ」と読む昭和生まれとは異なり、本気と書いて「ガチ」と読む平成生まれが主流となっています。「マジ」がなくなったわけではなく、本書でも「マジレス」や「マジないわ」で見たように「マジ」もまだまだ元気ですが、**単独使用にかんしては昭和生まれは「マジ」が主流、平成生まれは「ガチ」が主流**というのは動かしがたい事実でしょう。

　「ガチ」の語源は正確にはわかりませんが、1999年に始まったTBSのバラエティ番組『ガチンコ！』のなかのボクシングのガチンコ対決、「ガチンコファイトクラブ」あたりから「ガチンコ」、すなわち真剣勝負が認知され、そこから「ガチ」が広がっていったように感じます。

　私自身は「マジで」を繰り返していた世代ですが、現在の世代は「ガチで」を繰り返しているように見られます。しかし、そろそろ「ガチ」も賞味期限が近づいてきているはずです。「ガチ」に取って代わる新しい副詞の候補は現時点では見えませんが、きっと令和生まれにふさわしい副詞が10年後には出現しているはずです。「マジ」も「ガチ」もそれを広めた世代が若いうちは若者語ですが、その世代が高齢化すれば老人語になり、また別の副詞がそのすき間を埋めるはずです。そうして言葉の新陳代謝は進んでいくのです。

コラム 7

スマホ時代の若者言葉

　若者言葉が既存の表現の形を変えることで作りだされることは、コラム6で述べたとおりですが、最近の現象として、新しい表現を作りだす場合に一役買っているのが"打ち言葉"です。若い世代のコミュニケーションツールは、スマホが一般的ですので、デジタルデバイス発の若者言葉が増えてきているわけです。

　パソコン時代では、2ちゃんねるなどのWeb掲示板を中心に、入力ミスを用いた言葉遊びが盛んに用いられた時代がありました。「既出」を「がいしゅつ」、「月極」を「げっきょく」、「何卒」を「なにそつ」、「巣窟」を「すくつ」といった具合です。今でも使われている、笑いを表す「www」にたいし、「草生える」という形容が生まれたのもこの時代でした。パソコン時代におけるWeb掲示板のコミュニケーションではかなり手の込んだものが多かった印象ですが、現在のスマホ時代では、同じデジタルのコミュニケーションの形が大きく変わっています。スマホ時代のコミュニケーションの根底にあるのは経済効率です。

　たとえば、LINEのコミュニケーションで相手の提案に「了解！」を表現する場合、「りょ」「り」だけで済ます方法はよく知られていますが、「OK！」から派生した「おけ」、「OK」＋「。」から派生した「おけまる」などもよく使われているようです。若者言葉らしく、言葉遊びで、「磯丸水産」をもじって「おけまる水産」としたり、「東海道中膝栗毛」をもじって「了解道中膝栗毛」のようにしてみたりという例も観察されます。そのほか、「永谷園」由来の「やばたにえん」や、風呂に入るから会話から離脱することを意味する「フ

ロリダ」なども使われているようです。こうした言葉遊びは、出現当初は新鮮でも、鮮度が下がると飽きてくるので、いずれ廃れるでしょうが、若い世代の感性と遊び心のなかで、それに代わる表現がきっとまた生みだされてくるだろうと思います。

　若い世代のLINEを覗かせてもらうと、リアクションに案外古い言葉が使われていることに気づきます。「めでたい」「よき」「どんまい」「フレー」などは、いつの時代かと思わせる表現ですし、「わーい」「あはは」「やったー！」「ウケる！」なども、実際の会話で口にすることを考えると、芝居がかっているようでちょっと気恥ずかしくなりますが、文字だけの打ち言葉の世界では自然に表現できるのでしょう。

　また、若者言葉らしい短い語形も多く、「了解」の「りょ」「り」のほか、「まじ？」が「ま？」、「ちょっと待って」が「ちょま」、「どういうこと？」が「どゆこと？」、「あ〜なるほどね」を「あーね」「あね」などとなります。話し言葉では発音が楽なように短くなりますが、打ち言葉ではタイピングの手間が省けるように短くなります。しかし、話し言葉と打ち言葉は表裏一体ですので、お互いに影響しながら今後も言語変化が進行していくことが予想されます。

［参考文献］
堀尾佳以（2022）『若者言葉の研究―SNS時代の言語変化―』九州大学出版会

第8章

若者接続詞・若者感動詞

「てか」次の話題に行くよ

今日は野球観戦だね

今年は18年ぶりの優勝も果たしたし、気楽な気持ちで応援できるなあ

今回は応援グッズ、ちゃんと持ってきた？

もちろん！ 選手の名前が書かれた応援タオルも今日のために買ったよ

さすが！ 気楽という割に気合が入ってるね

当たり前だ

てか、ご飯食べたくない？ 試合18時からで、今17時でしょ？

うん？ 今なんて？

だから、試合前にご飯食べませんかっていう誘いをしたの

そこじゃなくて、もっと前

「てか」?

それそれ。その言葉の説明を頼む!

すでに何回か出てきてなかったっけ?

これも大人の事情だ

メタいなあ。**「てか」は、「というか」の省略形**じゃないかな? 意味も一緒。「お腹すいたな。てか、その前に手洗いしよう」「お腹すいたな。てか、朝ごはん食べてないじゃん」。**話の方向転換や、会話中の気付きで自然と出てくる感嘆詞みたいな印象**かな

なるほど。「つか」もその派生か

多分。「つか」のほうが若干粗野な印象を受けるかな。個人差はあると思うけど。てか、この話はもういいから、ご飯食べようよ

「てか」汎用性が高いな

「というか」よりフランクに使えるよ。てか、ご飯は?

球場の売店で何か買うか

いいね! グッズの購入だけでなく、食料の調達も、応援のための大事な準備だもんね

試合開始後

こらー! そこは振るな振るな! ……あー! 何で振るんだ⁉ もっと気合入れてやらんか!

てか、最初と言ってること、違くない?

「てか」解説

「てか」は、本来の形は「というか」だと考えられ、「ていうか」「てゅっか」「つーか」「つか」も「てか」の仲間です。本来は言い換えとして使われ、直前直後の文脈が同じ内容であるはずですが、「てか」という形になると、**単にその場で思いついた、とくに関連性もない内容を続けるときにも使います。**

「次号の『週刊少年ジャンプ』楽しみ。てか、『ジャンプ』の発売日、日曜日にしてほしい」「この写真、イケメンだな。てか、髪色変わったかな。」「おはよう。てか、もう昼過ぎじゃん。」

接続詞は論理的だと言われます。書き言葉ではたしかにそうですが、**話し言葉ではかならずしも論理的ではなく、非論理的な展開をあたかも論理的に見せるために使われます。**言い換えを表さない「てか」だけでなく、因果関係になっていない「だから」、反対の関係になっていない「逆に」、途中の論理を飛ばす「とにかく」、ポイントをまとめていない「要するに」など、自分の言いたいことを言う前触れとして接続詞が使われがちなので、注意が必要です。

「ゆうて」と言われても

あーたらしい朝が来た！ 希望のあーさ〜だ♬

朝から何……

もう8時だぞ。起きなさい！

いいじゃん、**ゆうて**今日は日曜でしょ。まだ寝かせてよ。次女の方を起こしてあげてよ

次女は起きないからもう諦めた。ところで、「ゆうて」？何だ「ゆうて」って

(……また始まった)

気になるな。よし、「ゆうて」の例文を作ってみなさい！

お父さんは休日の朝からわざわざ私を起こしに来るけど、「ゆうて」つまり「そうは言っても」お父さんだって、朝からZoomで会議がなければいつまでも寝るでしょ。人のことは言えない。ってことでおやすみ！

いつもより毒があるな……。しかし、なるほど「ゆうて」は「そうは言っても」と同じように、先に言ったことに反論したりできるのか。……でも、なくてもよくないか？

まあ、なくても通じるけど。あったほうが話しやすいかな。**話しやすいと言うより間を取りやすい**。何か反論するときに「でも」とか「だって」とかを使うのと似たような感覚かな。**自己主張を強める**ために使うね。あとは、「アボカドがどうしても苦手なんだよね〜！ あれだけは無理！ ゆうて食べたことないけど」のように使うと、落差のある展開も作れるね

奥が深いな。って、寝ないで起きなさい！ ……でも、ゆうてお父さんも眠いな。よし、二度寝しよう

「ゆうて」解説

　会話本文にあるように**「ゆうて」は「そうは言っても」の省略語**だと考えられます。**「そうは」という指示語の部分が接続詞になると落ちるのはよくある現象**です。「それで」は「で」、「それなので」は「なので」、「それなのに」は「なのに」、「それにもかかわらず」は「にもかかわらず」となります。人の話をよく聞いていると、「それから」を「から」と言う人や「それと」を「と」と言う人もいます。**「それ」という指示語には具体的な情報は含まれていないので、わかれば省略する**ということなのだと思います。

　また、「ゆうて」には**西日本の香り**がします。確証はありませんが、「ゆうて」や「ゆうても」は関西のお笑い芸人が使っているうちに全国区化したような気がします。「めっちゃ」や「ほんま」などの副詞もやはり関西のお笑い芸人に由来する可能性が高そうです。私のような東日本の人間であってもふつうに使ってしまうのは、ふだんからそうした言葉を耳にしているからでしょう。

　ただし、「ゆうて」を東日本の人間が使う場合、西日本のような頭高型のアクセントではなく、平板型のアクセントで発音します。幼い女の子が自分のことを呼ぶ「うち」も、西日本では頭高型、東日本では平板型で発音されます。このように、言葉は全国区化する過程で、形はそのままでもアクセントは変わっていくのが、おもしろいところです。

「それな」と「だよね」

今日はいちごを買ってきたぞ！

 わー、やった！

この時期はいちごがおいしいからなあ。やっぱり果物は旬に限るな

 それな！ いちご狩りとかも行きたいな。……って、何その視線？ これは私の分。欲しがってもあげないよ！

長女と違って人のものを取ったりしないぞ！ そうじゃなくて、「それな」が気になったんだ

 「それな」？ ああ、「それな」ね。**同意、共感を示す言葉**だよ

なるほど。キュアリアスの血が騒ぐぞ。もっと詳しく例文を頼む

 キュアリアスの血って、Eテレのお猿のアニメでも見たのかな。……ゆうて、「それな」に大した意味はないよ。さっきも言った通り、相手の言ったことにたいして同意、

共感を示すときに使うの。「動物園より水族館のが好き」「それな！」という感じで使い勝手はいいよ

前に出てきた**「わかりみ」に似ている**な

そう。使い方とか、使い勝手の良さとかはそっくりなの。ちなみに「それね」とか「ねー、それ」とかも「それな」の派生系だよ

ふむふむ。「わかりみ」と「それな」だと、どっちのほうが一般的なんだ？

それは好みの問題だよ。まわりの友達にも「それな」ばっかり言う子と、「わかりみ」をたくさん使う子がいるよ

そうか、口癖かあ。なら、まずは自分でも使えそうな「わかりみ」から使ってみようかな

それな！ 遅れているお父さんには、それくらいから始めるのが良いと思うよ

「 そ れ な 」 解 説

　「DA.YO.NE」という曲があります。EAST END × YURIのデビュー・シングルで、1994年に発売され、ミリオンセラーとなりました。歌詞で繰り返し使われるキーフレーズは「だよね」です。当時の若い世代は、**仲間うちで相手の言葉に相づちを打つとき**、「そうだよね」を短くした**「だよね」**を多用しており、それを歌詞にうまく取り入れたことから時代の支持を得たと考えられます。

　「DA.YO.NE」（だよね）が高い支持を得たことから、ご当地バージョンがいくつも作られました。関西版の「SO.YA.NA」（そやな）、名古屋版の「DA.GA.NE」（だがね）、東北版の「DA.CHA.NE」（だっちゃね）、北海道版の「DA.BE.SA」（だべさ）、広島版の「HO.JA.NE」（ほじゃね）、博多華丸氏が関わったことでも知られる福岡版の「SO.TA.I」（そーたい）があります。

　現在なら「SO.RE.NA」（それな）が作られてもおかしくなさそうです。**「だよね」の地位を「それな」が奪ってしまった**からです。ただし、「だよね」もそうだったのですが、使われすぎた結果、**相手の話を聞いていなくても打てる適当な相づち、相手の話を早く打ち切りたいときに打たれる相づち**というレッテルを貼られるようにもなっています。いずれ、「それな」も使われなくなり、より強く共感を表しているように響く新たな相づちを未来の若い世代が作りだす日が来るのかもしれません。

「ですです」は丁寧か

明日って運動会？

 ですです。お父さん見に来る？

見に行こうかな

 私も卒業生枠で出る！

 ちょーっと待った！

 うわ、びっくりした

 「ですです」って何？ 初めて聞いたよ

 え、お姉知らないの？

よし、特別にお父さんが解説してあげよう

 分かるからってめっちゃ偉そう……

お姉もだいたいこんな感じだよ

嘘でしょ？　こんなに偉そうだったなんて……

本題に入るぞ。「ですです」は、**さっきの会話のように「うんうん」と同意を示すときに使うんだ**

へえ。やっぱり知らないな

そう？　使われてるのはよく聞くし、あたしも使うよ

そうなんだ

解決したところでお姉も明日の運動会来る？

もちろん！

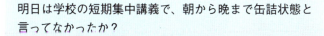
明日は学校の短期集中講義で、朝から晩まで缶詰状態と言ってなかったか？

え、嘘……

あ、ほんとだ、カレンダーに書いてある！

つまり、私はみんなが運動会に行ってるなか、学校で缶詰状態ってこと？

 ですです

 詰んだ……。缶詰だけに

「なんか」解説

「なんか」は若い世代専用の表現というわけではなく、どの世代でもよく使っている表現です。フォーマルな場、たとえば、大学の講義や会社の会議などで使っていると違和感がありますが、カジュアルな場、たとえば、友人同士の雑談や家庭の会話ではふつうに使いそうです。

「なんか」の使用量は人によって違います。会話本文に出てくる父はおそらくフォーマルな場で話し慣れた人で、カジュアルな場でのくだけた会話には慣れていないのかもしれません。一方、娘は友人同士のくつろいだ雰囲気のなかでふだんから「なんか」を頻用しているのでしょう。父の分析によると、娘の口癖は「なんか」とのことですが、たしかに若い女性は女性同士のおしゃべりで「なんか」を多用しそうな印象はあります。

「なんか」のような、**考えながら言いよどむ言葉はフィラー（埋め草）**と呼ばれます。代表的なものに、頭のなかで話題を探索中であることを示す**「えーと」**と、表現を探索中であることを示す**「あのー」**があります。私自身の調査によれば、大学3年のときに海外の大学から1年間日本の大学に来る交換留学生は、来日当初は「なんか」をあまり使いません。「えーと」や「あのー」はならっても、「なんか」は教わらないからです。しかし、**1年間日本に滞在し、母国に帰るころには「なんか」を日本人のように多用する**ようになっています。日本で日本人と交流するうちに、日本人が「なんか」をよく口にしている様子を目の当たりにし、自然習得していくと考えられます。

「ですです」解説

最近、市民権を得つつある**「ですです」**。保険会社のCMで若い女優さんが使っていたことで広く認知されるようになりました。そのため、若い女性ビジネスパーソンが使うイメージがありますが、男性ビジネスパーソンが使うのもしばしば見聞きします。もともと九州の南部（鹿児島や熊本）ではふつうに使われていたようですが、方言という感じはあまりしません。

一般に、**心からの同意を表すときに使われ、「我が意を得たり」という言葉を相手が言ったとき**に相づちとして「ですです」を使うことが多いようです。とくに、X（旧Twitter）を見てくれた人への返信の冒頭に「ですです」を使う例が見られます。気の置けない相手なら「それな」でもよいでしょうが、まださほど親しいわけではない、しかし、**自分に関心を持ってくれた相手にたいする返信には、**「そうですね」のような淡白な同意ではなく、**「ですです」のような熱量の高い同意がふさわしい**のだろうと思います。

似たようなタイプに「でしょでしょ」があり、これもよく使われますが、ややなれなれしい感じもします。とくにビジネス上で相手との距離を取りたがる若い世代にとって「でしょでしょ」より「ですです」のほうが使いやすいのだろうと思います。

「なんか」よく分かんない

今度の誕生日何か欲しいものあるか？

 ありがとう！　でも、うーん、なんだろ……

特にない？

 なんかね、今は特にないかな

前に言っていたミシンは？

 ミシンね。あれも**なんか**違うかな、って。今は**なんか**料理にはまってる

なるほど。……それで、突然話は変わるんだが

 なに？

その、「なんか」って口癖か？　前々から聞いていたような気がするんだが

 そうかも。つい言っちゃうんだよね。でも、お父さんが使ってるのは聞いたことないから、若者言葉なのかな

そうかもな。どういうときに使ってるんだ？

 意識はしてないけど**「えーと」と同じように、話の繋ぎ**かな。他にも「なんかすごいらしいよ」は「実際を知らないけど、なにかがすごいらしい」というふうにぼかして使えるから使い勝手はいいよ

なんかよくわからなかったが、長女の口癖だということはわかったよ

 なんだ、お父さんも使ってるじゃん。なんかよく分からない親子だね

なんかよく分からないオチになったな

「ですです」解説

最近、市民権を得つつある **「ですです」**。保険会社のCMで若い女優さんが使っていたことで広く認知されるようになりました。そのため、若い女性ビジネスパーソンが使うイメージがありますが、男性ビジネスパーソンが使うのもしばしば見聞きします。もともと九州の南部（鹿児島や熊本）ではふつうに使われていたようですが、方言という感じはあまりしません。

一般に、**心からの同意を表すとき**に使われ、**「我が意を得たり」という言葉を相手が言ったとき**に相づちとして「ですです」を使うことが多いようです。とくに、X（旧Twitter）を見てくれた人への返信の冒頭に「ですです」を使う例が見られます。気の置けない相手なら「それな」でもよいでしょうが、まださほど親しいわけではない、しかし、**自分に関心を持ってくれた相手にたいする返信には**、「そうですね」のような淡白な同意ではなく、**「ですです」のような熱量の高い同意がふさわしい**のだろうと思います。

似たようなタイプに「でしょでしょ」があり、これもよく使われますが、ややなれなれしい感じもします。とくにビジネス上で相手との距離を取りたがる若い世代にとって「でしょでしょ」より「ですです」のほうが使いやすいのだろうと思います。

「なんか」よく分かんない

今度の誕生日何か欲しいものあるか？

ありがとう！ でも、うーん、なんだろ……

特にない？

なんかね、今は特にないかな

前に言っていたミシンは？

ミシンね。あれもなんか違うかな、って。今はなんか料理にはまってる

なるほど。……それで、突然話は変わるんだが

なに？

その、「なんか」って口癖か？ 前々から聞いていたような気がするんだが

そうかも。つい言っちゃうんだよね。でも、お父さんが使ってるのは聞いたことないから、若者言葉なのかな

そうかもな。どういうときに使ってるんだ？

意識はしてないけど**「えーと」と同じように、話の繋ぎ**かな。他にも「なんかすごいらしいよ」は「実際を知らないけど、なにかがすごいらしい」というふうにぼかして使えるから使い勝手はいいよ

なんかよくわからなかったが、長女の口癖だということはわかったよ

なんだ、お父さんも使ってるじゃん。なんかよく分からない親子だね

なんかよく分からないオチになったな

「なんか」解説

「なんか」は若い世代専用の表現というわけではなく、どの世代でもよく使っている表現です。フォーマルな場、たとえば、大学の講義や会社の会議などで使っていると違和感がありますが、カジュアルな場、たとえば、友人同士の雑談や家庭の会話ではふつうに使いそうです。

「なんか」の使用量は人によって違います。会話本文に出てくる父はおそらくフォーマルな場で話し慣れた人で、カジュアルな場でのくだけた会話には慣れていないのかもしれません。一方、娘は友人同士のくつろいだ雰囲気のなかでふだんから「なんか」を頻用しているのでしょう。父の分析によると、娘の口癖は「なんか」とのことですが、たしかに若い女性は女性同士のおしゃべりで「なんか」を多用しそうな印象はあります。

「なんか」のような、**考えながら言いよどむ言葉はフィラー（埋め草）**と呼ばれます。代表的なものに、頭のなかで話題を探索中であることを示す**「えーと」**と、表現を探索中であることを示す**「あのー」**があります。私自身の調査によれば、大学3年のときに海外の大学から1年間日本の大学に来る交換留学生は、来日当初は「なんか」をあまり使いません。「えーと」や「あのー」はならっても、「なんか」は教わらないからです。しかし、**1年間日本に滞在し、母国に帰るころには「なんか」を日本人のように多用する**ようになっています。日本で日本人と交流するうちに、日本人が「なんか」をよく口にしている様子を目の当たりにし、自然習得していくと考えられます。

「草」しか生えないネット世界

さっきお父さんが「メガネはどこだ?」って自分のメガネを探しててさ

どうせ、頭の上に掛けてたってオチでしょ?

それがさ、頭じゃなくてあごのほうにぶら下がってたの。あごメガネ

ちょっとおもしろい

それな、**草**

ちょっと待った!

やば、お父さんだ。お父さんもこのおかしさ分かるでしょ?

分かるとも、**「草」**とは書き言葉で使うものだろ?

いやそこ?

いや、まあお父さんの言うとおり、草って**ネット上でコメント書いたりLINEでやりとりするときに登場する**よね。文末におもしろいと思ったり、小馬鹿にしたりする意味で付けるし

確かに。「草」って書いたり、「w」って書いたり、それはお好みで。「w」と「笑」は似てるけど、「草」と「笑」はちょっと印象違うかな。**「草」のほうが嫌味な感じ**。ただ、これは人それぞれだと思う

小馬鹿にする印象は確かにあるかな

話し言葉として「草生える」、「草」って言う人は少ないと思うよ。でも、口に出すときは、万人受けするとは限らないから気をつけて

父の出番がないまま終わってしまった……

「草」解説

　　話し言葉では語形を短くして負担を減らすのが基本ですが、近年ではその影響が書き言葉にも及んでいます。スマホを使って文字を打ちこむ打ち言葉の発達により、私たちは話すように書かなければならず、いちいち丁寧に書いている時間的余裕がないからです。「了解」が「りょ」さらには「り」のように略される現象は広く知られていますし、「うp」や「おk」のように「UP」や「OK」と変換する手間を省く用法もよく見かけます。

　　笑っている様子も、以前は**「笑い」「笑」**などと書かれ、変換ミスを利用した**「藁」「ワラ」**なども一時期使われましたが、変換すら面倒なので、変換をしない**「wara」**を経て**「www」**という表記が定着しました。この「www」は草が生えているように見えることから、**「草」**と書かれるようになったわけです。大笑いが起きた状況では、画面は「草」で埋め尽くされ、「大草原」が出現します。

wwwwwwwwwwwwwwwwwwwwwwwwwwwwwwwwwwwwwwwwwwwwwwwwww

あざとく「ぴえん」と泣いてみる

あーっ！ 取っておいたはずの「チョコまみれ」が食べられてる。マジ**ぴえん**なんですけど

うん？ マジ「ぴえん」ってなんだ？ 気になるな……よし、例文だ！

ちょっと！ 今は例文なんか作ってる場合じゃないでしょ。誰が食べたのか突き止めて懲らしめなきゃ

まあまあ、犯人だってわざと長女のものを食べたわけじゃないんだ。もう少し心を広く持ったほうがいいと思うぞ

やけに犯人の肩を持つね。怪しい……

と、とにかく、後で「チョコまみれ」……だったか？ それを買ってやるから今は例文だ！

怪しいんだよなあ……。まあいいか。たとえば「学校に遅刻しそうになって、慌てて家を出てきたらお弁当忘れた、ぴえん」とか

なんというか……茶目っ気ある表現だな

実際言っている側も深刻な場面で「ぴえん」は使わないと思うよ。**おちゃらけたいときに使う**かな。テヘペロと似ているかも

なるほど。しかし最近はテヘペロも聞かなくなってきたな

ぴえんもそのうち衰退していくかもしれないけど、根強い人気はあるよ。今はスマホの顔文字にも目をうるうるさせて、ぴえんを表す顔文字もあるし

ああ、あの顔文字は「ぴえん」だったのか。妙に癪に障る顔だなと思ったら

癪に障るって……。あとそうだ、ぴえんは口で言うよりも、**短文で会話できるLINEとかでよく使う**よ。特に顔文字だとあのジト目で相手に不服を訴えたり、お願いごとのあとにあの顔文字をつけてあざとくしたり、いろいろとアレンジできるよ

なるほど。テヘペロさえも分かっていなかったが、ようやく理解できたぞ。実は、「チョコまみれ」食べたのお父さんなんだ。許してね、テヘペロ

かわい子ぶっても許さん！

「ぴえん」解説

　「草」という笑いに続き、本書の最後を飾るのは「泣」「涙」です。**泣いていることを表す場合、オノマトペ（擬音語・擬態語）を使うのが一般的**です。泣き方を表すオノマトペにどんなものがあるか、考えてみてください。「えーんえーん」が標準的な泣き方だとすると、「うわーん」や「ぎゃーぎゃー」は大泣き、「しくしく」や「ぐすん」は小泣きでしょうか。「うるうる」や「ぽろぽろ」は涙がこぼれるタイプで、やはり小泣きです。こうした泣き方を表すオノマトペのなかで、若い世代に受け入れられているのが「ぴえん」です。

　「ぴえん」のもとになった「ぴえーん」と「びえーん」を比べてみましょう。半濁音の「ぴえーん」よりも濁音の「びえーん」のほうが泣き方が激しい印象があります。また、「ぴえん」と「ぴえーん」を比べてみると、「ぴえん」よりも「ぴえーん」のほうが泣く時間が長い印象があります。つまり、**「ぴえん」は三つのなかでもっとも軽い泣き方であり、深い悲しみではなく、少し悲しくなったので泣いてみたという程度の悲しみを表す言葉**です。また、泣いてみせることで、慰めてね、許してね、ありがとうなどの気持ちを伝えることができます。

　「ぴえん」が死語だという指摘も最近見かけるようになりましたが、私のまわりではまだまだ元気です。地域差、年代差にもよるのですが、しばらくは「ぴえん」を見聞きする機会は続きそうです。

コラム 8

意味の変化と若者言葉

　本来ネガティブな意味を表す形容詞「すごい」「やばい」がポジティブな意味を獲得し、驚きを表す場面であれば、どんな現象にも「すごい」「やばい」を連呼すれば済む現状があることは、ここまで見てきたとおりです。私の世代は「やばい」は追い詰められた状況でしか使わないので、ポジティブな文脈では「すごい」を使うしかないのですが、今の若い世代は「すごい」も「やばい」も自由に使うことができます。形だけでなく、意味が変わるという現象もまた若者言葉として捉えることが可能です。

　「大丈夫」が断る言葉になったのはいつからでしょうか。私の研究室に来る学生に「コーヒーでも飲まない？」と聞くと、全員が「大丈夫です」と答えます。かつては「けっこうです」と答えたものですが、いずれも「なくても大丈夫です」「なくてもけっこうです」という意味で、断りを表しています。「大丈夫です」は「OKです」が本来の意味でしょうし、「けっこうです」も「すばらしいです」が本義のはずで、Yesの意味に捉えられても不思議はないのですが、現在では「なくても十分です」「それ以上は望みません」というNoの意味に変化しています。

　「普通に」が話題になったこともありました。若い世代の「普通においしい」が「かなりおいしい」の意味で使われ、年配の世代の「たいしておいしくない」とずれるからです。「普通に」をどのレベルに設定するかで、世代間に差が生じてきています。

　「微妙」ははっきりしないという意味ですが、「普通に」とは反対に若い世代ではネガティブな意味になります。料理を口にして、「う〜ん、微妙」と

いった場合は、判断がつかないという意味ではなく、あまりおいしくないという方向に針が振れています。このように、世代によって語にたいする評価が変わり、意味がずれることがあります。こうした意味のズレは形容詞・副詞によく見られる現象です。

　また、若者言葉は共感を生む言葉ですので、気持ちを表す方向で意味が変わりがちです。これも形容詞でよく見られます。4章で見た「えぐい」「だるい」「強い」「アツい」などは、外部的・物理的な感覚を、内部的・心理的な感覚に転用した例です。

　一方、動詞で見られるのは、従来の意味に見られない意味の付加です。キレる17歳が社会問題になったのは2000年前後のことでしたが、いわゆる「プッツン」と形容される「キレる」はもともとなかった意味が加わったものです。また、笑いをめぐる「ウケる」「スベる」のような表現も特殊な意味が加わった例です。「ウケる」はおもしろいことを言って笑いが取れる、「スベる」はおもしろいことを言っているはずなのに笑いが取れないことを表します。一方、5章で見た、心を揺さぶられるという意味での「刺さる」、おかしな言動をする「壊れる」、テンションが下がる「萎える」も心理的な意味が加わったものです。これは形容詞に見られる意味変化と傾向が似ているかもしれません。

　新しい形の若者言葉はすぐにわかるのですが、従来の形で意味が変わったり加わったりした若者言葉はなかなか気づきにくいので、年配者にとって対処が難しく感じられます。

［参考文献］
米川明彦（1998）『若者語を科学する』明治書院

おわりに

「若者言葉の沼」の探検はいかがでしたか。知らない言葉にたくさん出会えたでしょうか。

「え、そんな言葉、聞いたことないよ」

　これは、原稿を作成するにあたって若者言葉の収集をしていたとき、父にたびたび言われた言葉です。

　若者言葉というと、「推し」であったり「うれしみ」であったり、ついつい名詞に目が行きがちですが、聞いたことがないと指摘された言葉の中には、名詞以外の言葉も数多くありました。「自分たち」が意識せずに使っている言葉の特徴は、何かの名前だけでなく、何気ない口癖の中にも多く隠れていたのです。

　反対に「やばい」など、若者言葉だと思っていた言葉は今では大人世代にまで浸透しており、幅広い世代で普通に使われている現実にもぶつかりました。若者言葉は、あらためて定義を考えてみるとあいまいで、しかしながら「若者」と「大人」の間に確実に違いがある、非常に興味深い存在です。

　ACジャパンの『聞こえてきた声』というCMをご存じでしょうか。日常の風景を描いた静止画に生活音と吹き出しだけがあり、その吹き出しから聞こえてくる声を「男性のものか」「女性のものか」判断させる動画です。それにより、パイロットは男性の仕事、育児は女性の仕事といった、私たちのうちに無意識に潜んでいる、職場や家庭の役割における性別への先入観を問い直すCMです。

　このようなCMが成立するのは、今の言葉を文字にすると、「女性ら

しさ」「男性らしさ」の差が消えつつあることが背景にあります。つまり、声にしないと、男女の差が耳に聞こえてこないのです。言葉はジェンダーレスになりつつある証でしょう。しかし、まったくのジェンダーレスかというとそうではなく、言葉の微妙な使い分けに性差を感じることがあります。とくに創作の場合はそれが顕著であり、本書の会話でも文末に「ね」のつくのは娘たち、文末に「な」がつくのは父という区別があることに気づいた方もいらっしゃるでしょう。

　一方、Web上の書き込みを見て、何歳ぐらいの人がコメントをしたのかも判別しにくくなっています。書き込みを見て年代を当てるのはかなり難しく、言葉はエイジレスにもなりつつあると思われます。

　ところが、若者言葉だけでなく、おじさん構文・おばさん構文などと言われるように、表現に年代差が表れることも少なくありません。マルハラはその典型で、句点「。」にたいする感覚が世代によって大きく違うことに由来します。

　若い「自分たち」が、妙齢の「大人たち」の使っている若者言葉を聞くと、どこかぎこちなく、聞いていていたたまれなくなります。ファッションと同じで、若作りをがんばっている痛いおじさん・おばさんに見えてしまうのです。でも、それは未来の「自分たち」の姿です。私たちが大人になれば、きっとさらに下の世代から痛い「大人たち」と見られ、歴史は繰り返されていくのでしょう。

　言葉の賞味期限というのは早いもので、今このあとがきを書いている瞬間にも新たな言葉が生まれ、今ある言葉が消えていきます。その一方で、「やばい」のように広い世代で支持され、市民権を得て定着していく言葉もあります。その時々の流行を表す若者言葉と、根強く生き続ける若者言葉。本書をお読みになり、言葉にはそれぞれ異なる歴史があり、一つひと

つの言葉が生きているという事実を実感するきっかけにしていただければ幸いです。

　本書は、国立国語研究所に勤務する父・石黒圭と共著の形で書かせていただきました。本書の作成にあたり、編集部の小山香里さんには大変お世話になりました。私自身は、本の執筆が初めての体験ということもあり、小山さんにはたくさんサポートをいただきました。学生の身でありながら、このような貴重な機会をいただけましたこと、教育評論社さまに深く感謝申し上げます。

　デザインは鳴田小夜子（KOGUMA OFFICE）さんが、イラストはヒダカマコトさんがそれぞれ担当してくださいました。

　本書が、コロナ禍の明けた2024年、若者言葉の定点観測となり、10年後、20年後にはまた、若い大学生がさらに新しい魅力的な若者言葉の本を出版してくださるよう次世代にエールを送り、本書を閉じさせていただきます。

　私のような不慣れな者が執筆した本書を手に取ってくださった読者の皆さま、最後までお読みくださり、本当にありがとうございました。

　　2024年9月　SDG

石黒　愛

〈著者略歴〉

石黒　圭（いしぐろ けい）

国立国語研究所教授、総合研究大学院大学教授、一橋大学大学院言語社会研究科連携教授。

1969年大阪府生まれ。神奈川県出身。一橋大学社会学部卒業。早稲田大学大学院文学研究科博士後期課程修了。博士（文学）。専門は文章論。1999年に一橋大学留学生センター専任講師、2004年に同助（准）教授、2013年に一橋大学国際教育センター・言語社会研究科教授を経て現職。

主な著書に『コミュ力は「副詞」で決まる』『文章は接続詞で決まる』『語彙力を鍛える』（以上、光文社新書）、『この1冊できちんと書ける！【新版】論文・レポートの基本』（日本実業出版社）、『よくわかる文章表現の技術Ⅰ〜Ⅴ』（明治書院）、『文系研究者になる』（研究社）、『ていねいな文章大全─日本語の「伝わらない」を解決する108のヒント』（ダイヤモンド社）などがある。

石黒　愛（いしぐろ あい）

首都圏にある某大学文系学部に通う大学2年生。石黒家の三姉妹の長女。

言語学者も知らない謎な日本語

研究者の父、大学生の娘に若者言葉を学ぶ

2024年11月 2日 初版第1刷発行
2025年 1月 5日 初版第2刷発行

著　者　　石黒圭、石黒愛
発行者　　阿部黄瀬
発行所　　株式会社 教育評論社
　　　　　〒103-0027
　　　　　東京都中央区日本橋3-9-1 日本橋三丁目スクエア
　　　　　Tel. 03-3241-3485
　　　　　Fax. 03-3241-3486
　　　　　https://www.kyohyo.co.jp
印刷製本　株式会社シナノパブリッシングプレス

定価はカバーに表示してあります。
落丁本・乱丁本はお取り替え致します。
本書の無断複写（コピー）・転載は、著作権上での例外を除き、禁じられています。
JASRAC 出 2407662-401

© Kei Ishiguro, Ai Ishiguro 2024 Printed in Japan
ISBN 978-4-86624-107-4